TRADIÇÃO LIBERAL E POLÍTICA EXTERNA NOS ESTADOS UNIDOS

GERALDO ZAHRAN

TRADIÇÃO LIBERAL E POLÍTICA EXTERNA NOS ESTADOS UNIDOS

um diálogo com interpretações realistas e idealistas

EDITORA PUC RIO

apicuri RELAÇÕES INTERNACIONAIS

Este livro está revisado segundo o Acordo Ortográfico da Língua Portuguesa de 1990, que entrou em vigor no Brasil em 2009.

Produção editorial – Apicuri
Rosangela Dias e Édio Pullig

Revisão de originais
Nina Lua Ferreira

Revisão de paginada
Debora Fleck

Projeto gráfico de capa e miolo
Debora Fleck

Imagem de capa
© Tim Martin | Dreamstime.com | National Mall, Washington D.C., Estados Unidos

CIP-BRASIL.CATALOGAÇÃO-NA-FONTE
SINDICATO NACIONAL DOS EDITORES DE LIVROS, RJ

Zahran, Geraldo

Tradição liberal e política externa nos Estados Unidos: um diálogo com interpretações realistas e idealistas / Geraldo Zahran. – Rio de Janeiro : Apicuri : Ed. PUC-Rio, 2012.
156 p. ; 23 cm

Inclui bibliografia

ISBN (Apicuri) 978-85-61022-66-2
ISBN (PUC-Rio) 978-85-8006-067-6

1. Estados Unidos - Relações exteriores. 2. Política internacional. 3. Realismo. 4. Idealismo americano. 5. Liberalismo - Estados Unidos. I. Título.

CDD: 327.73

Editora Apicuri
Rua Senador Dantas, 75, salas 507 e 301
Centro, Rio de Janeiro – RJ
20031-204
Telefone/Fax (21)2524 7625
editora@apicuri.com.br
www.apicuri.com.br

Editora PUC-Rio
Rua Marquês de S. Vicente, 225
Casa da Editora/Agência Gávea,
Rio de Janeiro – RJ
22451-900
Telefone/Fax (21) 3527 1838/1760
www.puc-rio.br/editorapucrio
edpucrio@puc-rio.br

A Helena Zahran, por seu exemplo de bondade.

AGRADECIMENTOS

Esta jornada jamais teria sido concluída sem a orientação da professora Maria Regina Soares de Lima, a quem serei sempre grato por ter encontrado tempo e paciência para guiar-me. Agradeço também à professora Mônica Herz, pelo incentivo e ajuda durante todo o percurso, e ao professor Sebastião Velasco e Cruz, que gentilmente aceitou escrever o prefácio desta obra.

O resultado deste trabalho teria sido outro não fossem a presença e os comentários, acadêmicos ou não, dos amigos Clarisse Castro, Igor Medina de Souza, Leonardo Ramos, Rodrigo Cerqueira e Thiago Guimarães. Outros amigos, como Diego Bonomo e Jorge Schleier, foram apoio essencial, mesmo quando não estavam cientes disso.

Elena Lazarou não estava presente em minha vida quando a maior parte deste texto foi escrita, mas jamais esteve ausente desde então. Não existem palavras capazes de agradecer-lhe por tudo. Assim como não é preciso explicar minha eterna gratidão a Geraldo, Jamile e André.

Este livro é fruto de minha dissertação de mestrado defendida na PUC-Rio, em março de 2005. Além da PUC-Rio, agradeço ao CNPq pelo apoio financeiro sem o qual este trabalho e muitos outros teriam sido impossíveis. Também sou grato à ajuda de Artur Lascala, sem a qual talvez a versão final deste livro jamais ficasse pronta. Um agradecimento especial a Arthur Bernardes do Amaral, pela inesperada ressurreição do projeto, e a Édio Pullig, por conduzir-me em todo o processo editorial e saber lidar com meus inúmeros atrasos.

Eu acredito que Deus deseja que todos sejam livres. É nisso que eu acredito. E isso tem sido parte de minha política externa.

George W. Bush

Você pode chamá-los de idealistas, mas não há nada mais perigoso do que idealistas com poder e guerra nas mãos e completamente errados sobre o mundo.

Seymour Hersh

SUMÁRIO

PREFÁCIO

> Nós temos um lugar, todos nós, em uma longa história – uma história que nós continuamos, mas cujo fim não vamos ver [...] É a história americana – uma história de pessoas imperfeitas e falíveis, unidas através das gerações por ideais grandes e duradouros. O maior desses ideais é uma promessa americana em curso de que todos pertencem, de que todos merecem uma chance, de que nunca nasceu uma pessoa insignificante.

> É chegado o momento de reafirmar nosso espírito obstinado; de escolher nossa melhor história; de levar adiante esse dom precioso, essa ideia nobre, passada de geração em geração: a promessa dada por Deus de que todos são iguais, todos são livres e todos merecem uma chance de buscar sua felicidade completa.

Atento ou distraído, o leitor que tiver em mãos este livro está convidado a realizar um rápido teste. Leia as declarações acima e procure descobrir, entre os dois últimos presidentes dos Estados Unidos, o autor de cada uma delas.

Não é preciso conferir a resposta. Basta responder sinceramente à pergunta: ficou em dúvida?[1] É provável que sim. Apesar de suas conhecidas diferenças ideológicas, mesmo confrontados com problemas distintos, em circunstâncias históricas tão diversas, quando usam solenemente a palavra como chefes de Estado, George W. Bush e Barack Obama – cada um a seu modo – fazem apelo a um mesmo conjunto de ideias.

Não apenas eles. Podemos ampliar o alcance do teste e cotejar declarações do mesmo gênero de outros presidentes – republicanos e democratas, em distintos períodos históricos. Salvo engano, o embaraço do leitor não será muito diferente. Com variações maiores ou menores de estilo, as afirmações que lerá girarão em torno dos mesmos temas.

[1] A primeira passagem é do discurso de inauguração do presidente George W. Bush em 20 de janeiro de 2001. O segundo trecho é do discurso inaugural do presidente Barack Obama em 20 de janeiro de 2009.

Pois bem, a aposta contida neste texto é a de que muito aprenderemos sobre a política exterior dos Estados Unidos se pudermos decifrar o enigma por trás dessa longa recorrência.

Convém assinalar desde logo o que há de ousado na aposta. Há muito tempo, as interpretações consagradas sobre a política exterior dos Estados Unidos põem em relevo as diferenças de orientações e perspectivas que a animam: realistas *versus* idealistas; internacionalistas *versus* isolacionistas... Sem ignorar as modulações na conduta internacional desse país nem a intensidade das disputas suscitadas por ela, Geraldo Zahran acentua o fundo comum sobre o qual essas discrepâncias se expressam, em combinações que variam de acordo com as questões e as conjunturas consideradas. Para o autor, há uma continuidade básica na política exterior dos Estados Unidos, e não lograremos compreendê-la profundamente se não conseguirmos identificar o elemento que delimita o espaço das oposições e garante sua unidade. O argumento central do livro é que esse denominador comum reside em alguns princípios pelos quais se traduz, no campo da política exterior, a primazia inconteste da tradição do pensamento político liberal nos Estados Unidos.

Em suas palavras:

> [...] a política externa dos Estados Unidos é pensada e produzida imersa em uma tradição de pensamento liberal em que interesses políticos e princípios morais e religiosos estão no mesmo patamar. É esse fator liberal que possibilita a coexistência de políticas que, de outra forma, seriam contraditórias. É esse fator liberal que jamais é explicitado pela bibliografia sobre a política externa do país. Por mais que distinções e classificações possam ser feitas, a exemplo das ideias de realismo e idealismo [...] a tradição liberal age, como disse Hofstadter, como a moldura de um quadro, delineando os limites dessa política externa.

Não caberia neste prefácio indicar a maneira como o autor elabora esse argumento, nem as consequências que dele extrai ao analisar criticamente a literatura sobre a política externa norte-americana. O leitor está convidado a acompanhá-lo, certo de que sairá muito instruído dessa agradável experiência.

Experiência agradável, pois o argumento de Geraldo Zahran vem embalado em um texto claro, elegante, rigorosamente concatenado.

Instruído, porque no desenvolvimento de sua tese o autor mobiliza amplo repertório de conhecimentos sobre a formação histórica dos Estados Unidos, a política externa desse país e a teoria das Relações Internacionais, desenvolvendo com base nele análises agudas sobre aspectos particulares do problema em causa. Boa ilustração dessa afirmativa é a maneira precisa como desfaz as confusões advindas do emprego corrente dos mesmos termos – "realismo" e "idealismo" – para designar vertentes teóricas, orientações de política e diferentes períodos na história da política externa norte-americana.

Professor de Relações Internacionais na PUC-SP, Geraldo Zahran integra a equipe de pesquisadores do Instituto Nacional de Ciência e Tecnologia para Estudos sobre os Estados Unidos (INCT-INEU), onde atua como coordenador do Observatório Político dos Estados Unidos (OPEU).

Versão ligeiramente modificada da dissertação de mestrado defendida na PUC-Rio, em 2005, esta obra foi agraciada com o Prêmio Franklin Roosevelt de 2006, em sua categoria. Desde então, o autor tem se dedicado à análise aprofundada da política externa dos Estados Unidos no período histórico que se abre com o fim da Segunda Guerra Mundial, segundo programa de trabalho elaborado com base nos resultados expostos aqui.

Contribuição relevante para o campo dos estudos sobre os Estados Unidos no Brasil, o livro de Geraldo Zahran se destaca também como auspiciosa promessa.

SEBASTIÃO VELASCO E CRUZ é professor de Ciência Política
e Relações Internacionais da UNICAMP e do Programa San Tiago Dantas
de Pós-graduação em Relações Internacionais (UNESP/UNICAMP/PUC-SP).

INTRODUÇÃO

No início da década de 1990, dois autores brasileiros caracterizaram o contexto internacional do pós-Guerra Fria como um período de polaridades indefinidas (Lafer; Fonseca, 1994: 49-77). Segundo essa análise, forças centrípetas e centrífugas estariam em atuação no sistema internacional após o fim da bipolaridade. Identificar o surgimento das novas características e polos desse sistema emergente era uma difícil tarefa devido à existência de movimentos tanto no sentido da centralização quanto da pluralização do sistema. A incerteza do termo polaridades indefinidas reflete bem o estado da arte da disciplina de Relações Internacionais[1] à época: a surpresa sobre o fim da Guerra Fria, a decepção de sua pouca previsibilidade e a insegurança quanto a previsões futuras.

Mais de uma década após o fim do conflito bipolar, algumas constatações sobre o sistema internacional contemporâneo podem ser feitas: a realidade não é mais de polaridades indefinidas. O que a princípio foi chamado de momento unipolar perdura até os dias de hoje (Krauthammer, 1991: 23-33). A partir do fim da Guerra Fria, os Estados Unidos tornaram-se a única potência com capacidade de projetar seu poder político, militar e econômico a todas as regiões do planeta. Outros fatores podem ser relacionados a essa capacidade de projeção de poder, como a expansão de sua cultura ao redor do mundo – sua língua, padrões de produção e consumo – e a adoção da democracia e da economia de mercado como modelos ideais de organização da sociedade.

---

[1] Seguindo a convenção da disciplina, a utilização da expressão Relações Internacionais, com iniciais maiúsculas, faz referência à área de estudos acadêmicos que leva esse nome. A expressão relações internacionais, em letras minúsculas, faz referência aos vários tipos de relacionamento entre Estados, organizações, grupos e indivíduos no sistema internacional, que são efetivamente o objeto de estudo da disciplina.

O período do pós-Guerra Fria apenas acentuou essas tendências. Autores de diferentes inclinações teóricas concordam que, no início do século XXI, os Estados Unidos permanecem como a única verdadeira potência do planeta (Nye, 2002; Wohlforth, 2002: 98-118). Essa percepção é tão forte que dá início a um debate teórico sobre por que o mecanismo da balança de poder – a ideia de que Estados mais fracos se uniriam para contrapor o mais forte – não estaria atuando contra os Estados Unidos (Ikenberry, 2002). E se ainda restava alguma dúvida quanto à posição diferenciada desse país, para tomar emprestadas as palavras de Joseph Nye (2003: 60-73), a invasão do Iraque no início de 2003 resolveu completamente a questão.

A ideia dessa enorme influência no sistema internacional foi a principal motivação para o desenvolvimento de uma pesquisa cujo tema central é os Estados Unidos. Está implícita no argumento que será aqui desenvolvido a concepção de que relações de poder são um dos fatores determinantes nas relações internacionais – e nas relações humanas de maneira geral. Para pensar o sistema internacional e as relações que nele se desenvolvem é imprescindível compreender a influência de seu ator mais relevante. Este livro busca reconhecer a maneira como os Estados Unidos interpretam sua inserção internacional e como, por meio desta, atuam sobre o sistema.

A influência dos Estados Unidos no sistema internacional não é recente. As interpretações mais difundidas sobre o papel desempenhado pelo país tomam como ponto de partida o final do século XIX, com a Guerra Hispano-Americana e a política de portas abertas para a China. Daí em diante, a participação dos Estados Unidos nos assuntos mundiais só aumentou: a participação na Primeira Guerra Mundial, o papel central desempenhado nos acordos de paz em Versalhes, a presença fundamental na Segunda Guerra Mundial e a liderança do bloco ocidental na Guerra Fria.

Da mesma maneira que a participação dos Estados Unidos no sistema internacional foi se fortalecendo com o passar das décadas, as análises sobre a política externa do país também se desenvolveram na tentativa de interpretar sua história, suas tradições, seu papel no cenário internacional, e fornecer diretrizes para sua atuação futura. É com esse tipo de análises e reflexões que este texto dialoga.

As duas políticas externas

Dentre muitos tipos de leituras da política externa dos Estados Unidos, uma em especial teve grande abrangência. A ideia de que a política externa do país estaria dividida em duas grandes vertentes é a descrição mais recorrente que se pode encontrar na literatura sobre o tema. O primeiro paradigma de política dos Estados Unidos descrito por essa interpretação é o idealista: as ações do país seriam pensadas em termos de princípios e valores éticos e morais e seu engajamento com o mundo se pautaria por um espírito missionário, levando ajuda e redenção aos demais Estados. O segundo paradigma da política externa dos Estados Unidos seria o realista: as ações do país deveriam ser pensadas em termos do interesse nacional e da distribuição e equilíbrio de poder no sistema internacional; seu engajamento com o mundo deveria ser comedido e pragmático.

As definições dessas duas tendências descritas acima tentam ser o mais generalistas possível. Nem sempre esses conceitos de realismo e idealismo aparecem sob os mesmos nomes: legalista, moralista e utopista são substituições frequentes ao termo idealista, enquanto conservador ou nacionalista são também vinculados ao termo realista. Os nomes e algumas características específicas desses conceitos variam de acordo com seus autores. Todavia, seja qual for a nomenclatura utilizada, o que permanece na grande maioria dessas classificações são as ideias resumidas no parágrafo anterior. Em uma outra definição comum: idealistas pensam o mundo como ele deveria ser, enquanto realistas pensam o mundo como ele realmente é.

Quando citados – idealismo e realismo – neste livro, é a essas definições que se faz referência. Na verdade, a abordagem deste trabalho identifica algumas insuficiências na divisão da política externa dos Estados Unidos entre realismo e idealismo.

A utilização de realismo e idealismo como categorias de análise da política externa dos Estados Unidos começou a ser feita no período entreguerras e ganhou notoriedade após a Segunda Guerra Mundial. Autores como Hans Morgenthau (1951), George Kennan (1951), Robert Osgood (1974), entre outros, trabalharam com essa divisão. Durante toda a Guerra Fria, análises desse tipo foram perseguidas. Tal temática ganhou novo fôlego após o término do conflito bipolar por meio de nomes como Henry Kissinger (1994) e David Callahan (1994). Este livro se concentra nestes dois momentos: no pós-Segunda Guerra Mundial e no pós-Guerra Fria. Uma das hipóteses sustentadas aqui é de que existe uma diferença significativa na utilização das ideias de realismo e idealismo nesses dois períodos.

Normalmente, realismo e idealismo são apresentados como duas perspectivas opostas da política externa dos Estados Unidos. A argumentação principal desta obra, todavia, é que essa distinção é irrelevante quando considerada a política externa do país de uma forma mais ampla. A hipótese central aqui desenvolvida é que existe um elemento no pensamento político dos Estados Unidos que exerce influência constante em sua política externa. Esse elemento é a tradição política liberal do país, e, frente a ela, a divisão de realismo e idealismo perderia seu significado.

A concepção de uma tradição política liberal nos Estados Unidos tem sua primeira referência na obra de Alexis de Tocqueville. Durante a década de 1950, os adeptos da chamada história consensual identificaram e desenvolveram tal conceito com maior profundidade. Segundo sua interpretação, a principal característica da política nos Estados Unidos seria a total ausência de uma tradição conservadora. O país seria genuinamente liberal, incorporando os valores de sua tradição política como absolutos. Um dos objetivos deste texto é aplicar esse conceito de tradição liberal e verificar suas influências nas reflexões sobre política externa. O relacionamento entre tradição liberal e política externa é, em si, um campo fértil de análise: se a tradição política do país é exclusivamente liberal, e sua principal característica é pensar seus valores liberais como absolutos, o relacionamento dessa tradição com a política externa e com o sistema internacional, espaço de diversidade e de relativos, é conflituoso e tem de ser mediado de alguma maneira.

A principal influência da tradição liberal sobre a política externa dos Estados Unidos seria a capacidade de traduzir valores e interesses particulares ao país como ideias absolutas, de abrangência universal. Por meio da análise das reflexões sobre política externa no final da Segunda Guerra Mundial e no final da Guerra Fria, pode-se identificar o diálogo – e o não diálogo – dessas categorias chamadas realismo e idealismo com a tradição liberal nesses dois momentos históricos distintos. Apesar de possuírem abordagens, desenvolvimentos e objetivos diferentes, nenhuma das análises desenvolvidas nesses dois momentos evidencia o caráter liberal da política e da política externa dos Estados Unidos de forma clara. É esse caráter liberal que dá coerência à diversidade de objetivos perseguidos pelo país, que tais interpretações tentam classificar opostamente como realistas e idealistas.

Um olhar mais abrangente sobre realismo e idealismo

A existência de uma influência liberal na política externa dos Estados Unidos que se sobrepõe à suposta divisão entre tendências realistas e idealistas teve inspiração no trabalho do historiador inglês Edward Carr (2001). Como será exposto no capítulo 3, a ideia de que a política externa dos Estados Unidos pode ser dividida entre realismo e idealismo é, em parte, reflexo de um debate entre perspectivas teóricas, realistas e idealistas, na disciplina de Relações Internacionais. Carr foi o primeiro autor a formular tal contraposição.

Escrito no período entreguerras e publicado às vésperas da Segunda Guerra Mundial, seu livro *Vinte anos de crise – 1919-1939* possui um propósito específico: "contra-atacar o defeito, flagrante e perigoso, de todo pensamento, tanto acadêmico quanto popular, sobre política internacional nos países de língua inglesa de 1919 a 1939: o quase total esquecimento do fator poder" (2001: 42). Segundo essa análise, as discussões acadêmicas e políticas da época estavam impregnadas por uma ênfase demasiada em valores e ideais. Tal preponderância era refletida em uma série de interpretações falhas e parciais da realidade. As maiores expressões disso, segundo Carr, seriam princípios liberais de organização mundial, política e econômica, vigentes na Europa do período. A maioria dessas distorções estaria expressa nas proposições liberais da harmonia de interesses.

Dois eram os princípios de organização política e econômica: a concepção de que a economia mundial poderia ser organizada segundo princípios liberais e de livre comércio; e a noção correlata de que a política mundial poderia ser organizada pela boa vontade de Estados iguais, pela renúncia à guerra, e administrada por uma Liga das Nações sob regime do direito internacional. Supostamente, esses seriam princípios universais, neutros, sem preferência ou discriminação entre os Estados, e de interesse geral, por meio dos quais todos se beneficiariam. Todavia, Carr argumenta que essas ideias não passam de uma ilusão. Tais princípios de organização mundial não são universais e tampouco neutros. O autor demonstra que a organização do sistema internacional, segundo esses princípios, seria vantajosa apenas para um determinado número de Estados, notadamente os vencedores da Primeira Guerra Mundial.

A crença nesses princípios universais e na suposta harmonia de interesses só estaria mascarando a real natureza do sistema internacional. Na análise de Carr, são as relações de poder o verdadeiro sustentáculo do sistema. A defesa de um sistema internacional baseado em um determinado conjunto de princípios só beneficiaria os Estados que os propunham. No momento que tais Estados não mais pudessem sustentar o sistema por meio de seu próprio poder, toda essa estrutura seria destruída. Foi com esse alerta em mente que Carr tentou promover uma ciência das Relações Internacionais desapegada de valores éticos e morais e com maior ênfase nas relações de poder.

Ao fazer isso, o autor enfatizou a proposta esquecida de Maquiavel da ética em função da política, e não da política em função da ética, como defendido pelas análises de política internacional de seu período. Só com uma maior ênfase nas relações de poder Carr acreditava que a disciplina de Relações Internacionais poderia fornecer perspectivas úteis para que se evitasse a crise que se anunciava.

No entanto, mesmo denunciando a harmonia de interesses e seus valores universais e propondo uma abordagem mais realista para a ciência das Relações Internacionais, Carr está ciente de que o realismo em sua forma pura também apresenta problemas.

> O realismo, embora preponderante em termos lógicos, não nos dá as fontes de ação que são necessárias até mesmo para o prosseguimento do pensamento. Com efeito, o próprio realismo, se o atacarmos com suas próprias armas, frequentemente se revela, na prática, como tão condicionado como qualquer outra forma de pensamento (2001: 117).

Na realidade, Carr está combatendo uma concepção bipartida de política. O autor identifica quatro limitações do realismo que impedem sua existência em forma pura: a não existência de um objeto finito, de um objetivo concreto na lógica realista que motive as ações humanas; a não existência de um apelo emocional, da mesma maneira necessário para canalizar as motivações do homem; a não existência de um direito ao juízo moral das ações políticas, a tentativa de uma neutralidade absoluta que nenhum ser humano conseguiria atingir tendo em vista sua própria moralidade; e a não definição de um campo de ação para a prática política. À sua época, o pensamento político apresentava-se de uma forma extremamente idealista. Todavia, apesar de propor uma abordagem mais realista, Carr também expõe as limitações dessa perspectiva. O autor propõe, então, um conceito quase dialético de política, no qual ela é constituída tanto de moral quanto de poder, tanto de utopia quanto de realidade.

A concepção de política desenvolvida por Carr tem origem no trabalho do sociólogo húngaro Karl Mannheim, a quem o autor agradece a contribuição no prefácio à primeira edição de seu livro. Para Carr, apesar de Mannheim não trabalhar especificamente com relações internacionais, o autor lançou "luz sobre os problemas fundamentais da política" (2001: 38). A contribuição principal da obra de Mannheim é tratar das condições históricas, sociais e econômicas que condicionam o pensamento e o desenvolvimento de conhecimento científico humano, ou como o próprio autor expressa, "como os homens realmente pensam" (1960). Dois conceitos são centrais na obra de Mannheim e se definem em oposição um ao outro. A ideologia é o fenômeno pelo qual grupos dominantes negligenciam fatores da realidade que possam ser negativos ou ameaçadores de sua posição privilegiada. De maneira contrária, a utopia é a projeção feita por grupos menos favorecidos, tão interessados em sobrepujar a ordem vigente que não capturam suas características reais e sim projetam uma realidade tal qual gostariam.

> O conceito de "ideologia" reflete uma descoberta que emergiu do conflito político, ou seja, grupos dominantes podem, em seu pensamento, se tornar tão intensamente interessados por uma situação que eles simplesmente não são mais capazes de enxergar certos fatos que questionariam o seu senso de dominação.
> [...]
> O conceito de pensamento utópico reflete a descoberta oposta da luta política, ou seja, que certos grupos oprimidos são, intelectualmente, tão fortemente interessados na destruição e transformação de certa condição social, que eles involuntariamente veem apenas aqueles elementos que tendem a negar determinada situação (1960: 36).

Apesar da troca de palavras, fica evidente como Carr interpreta a perspectiva que ele mesmo nomeia de utopista como expressão da ideologia, no conceito de Mannheim. A proposta do sociólogo para superar essa relativização do conhecimento humano é o desenvolvimento de uma sociologia do conhecimento, consciente da relatividade inerente e do condicionamento histórico do pensamento. A proposição de Carr para uma ciência mais realista das relações internacionais, mas apontando também as limitações do realismo, segue nesse sentido.

Na verdade, o debate no qual o trabalho de Mannheim está inserido, e, por consequência, o trabalho do próprio Carr, é sobre política e ética antes exposto por Max Weber, e, em especial, a discussão dos conceitos weberianos de ética da convicção e ética da responsabilidade (Weber, 1996: 53-124). Para Weber, a política é uma área diferenciada das relações humanas, na qual o instrumento ou meio decisivo é a violência. Assim, o político se pauta por duas éticas distintas: a da convicção, na qual age totalmente direcionado pela grandeza de seus ideais; ou a da responsabilidade, em que age pautado pelas consequências previsíveis de seus atos (idem: 113). Mas, da mesma maneira que Mannheim e Carr não podem desvincular ideologia de utopia, Weber reconhece que é impossível separar responsabilidade de convicção. "Seja qual for o caso, uma crença qualquer é sempre necessária, pois, caso contrário – e ninguém pode negá-lo – a inanidade da criatura eclipsará até mesmo o êxito político aparentemente mais sólido" (ibidem: 108). Assim, o problema a que se retorna na relação entre política e ética, e o problema verdadeiramente enfrentado pelo *político por vocação*, é a conciliação da ética da convicção com a ética da responsabilidade. E, uma vez que o instrumento específico da política é a violência, ambas tornam-se inconciliáveis a não ser pelo recurso da justificativa dos meios pelos fins (ibidem: 115).

Tais análises teóricas demonstram a impossibilidade de se desvencilhar poder de ética, ideologia de utopia e vice-versa. Todavia, o que ocorre em algumas das leituras da política externa dos Estados Unidos citadas anteriormente é a tentativa de se separar poder de moral, representados através de polos opostos que seriam realismo e idealismo. Existe aí uma contradição: se poder e moral são indissociáveis, há uma insuficiência nas reflexões de política externa que os tratam separadamente. O que este livro aponta é que existe um elemento que essas reflexões não captam, elemento esse que relaciona e dá coerência à política externa dos Estados Unidos, que concilia poder e moral. Segundo Carr:

> [...] os povos de língua inglesa são mestres consumados na arte de ocultar seus interesses nacionais egoístas sob o manto do bem geral, e que este tipo de hipocrisia é uma peculiaridade especial e característica da mente do anglo-saxão (2001: 104).

A argumentação é que esse elemento – essa peculiaridade especial – está representado na tradição política liberal do país, como será demonstrado nos capítulos a seguir. A fim de desenvolver a argumentação proposta, o texto está estruturado em cinco partes, a começar por esta introdução. O primeiro capítulo trata da tradição política liberal dos Estados Unidos e suas implicações nos rumos da política externa. Por meio de uma retomada da história e da historiografia da nação, identifica-se a que se refere – e a que não se refere – essa tradição política liberal. A partir do segundo capítulo são abordadas as reflexões e leituras da política externa com as quais este texto dialoga. O segundo capítulo é dedicado à análise da origem da distinção entre realistas e idealistas na política externa dos Estados Unidos. O terceiro capítulo discute a utilização dada a essas categorias, realista e idealista, no debate sobre política externa no final dos anos 1980 e durante a década de 1990. Por meio da exposição desses dois tipos diferentes de reflexões que utilizam as categorias realismo e idealismo, pretende-se demonstrar, além das diferenças entre elas, o que ambas as abordagens não articulam explicitamente: a influência da tradição política liberal dos Estados Unidos em sua política externa, que acaba por traduzir interesses e valores particulares em universais.

Por fim, a conclusão deste trabalho irá situar essas reflexões em meio a outras perspectivas do debate sobre política externa dos Estados Unidos. Apesar de sua grande abrangência e influência no campo das relações internacionais, as análises que se utilizam das categorias realismo e idealismo não são únicas. Ao discutir brevemente essas outras perspectivas, ficará claro que, apesar de alguns pontos de contato, nenhuma delas articula a influência da tradição política liberal sobre a política externa da maneira como proposto por esta pesquisa. Da mesma forma como a argumentação aqui desenvolvida pode acrescentar elementos às reflexões que fazem uso da divisão entre realismo e idealismo – que são seu principal objeto –, ela também pode ser aplicada a outras análises da política externa estadunidense a fim de esclarecer a influência da tradição liberal.

CAPÍTULO 1

Identificando influências: a tradição política liberal dos Estados Unidos e seus reflexos

Neste livro desenvolvo uma abordagem para a análise da política externa dos Estados Unidos que vai além da divisão tradicional entre posições realistas e idealistas. O modo para se atingir esse objetivo é interpretar tal política externa através da tradição política liberal dos Estados Unidos e suas influências. No entanto, antes de avançar nessa proposição, é imprescindível definir aqui como será usado o termo "tradição liberal".[1]

Contemporaneamente, a utilização do termo "liberal" nos Estados Unidos possui uma forte vinculação ao Partido Democrata. Na concepção estadunidense, as políticas liberais seriam aquelas que postulam um Estado mais presente na economia, atuando com o intuito de proteger o cidadão e fornecer bens públicos como educação, saúde, previdência social e outros. A tradição do Partido Democrata é de promover governos nos quais o Estado atua com níveis mais elevados de intervenção na sociedade, o que em outras partes do mundo poderia ser classificado como governos mais à esquerda do espectro político.[2]

Desde logo, não é a esse tipo de tradição liberal que este trabalho faz referência. A tradição liberal que será aqui exposta não é particular a um

[1] A utilização da expressão "tradição liberal" neste trabalho significa "tradição política liberal dos Estados Unidos". Eventuais citações a outros significados do termo "tradição liberal" serão adjetivadas de forma clara e direta no texto.

[2] Interessante notar a inversão da terminologia utilizada nos Estados Unidos, em relação ao resto do mundo. Fora deste país, a referência a políticas liberais é diretamente relacionada a partidos que defendem liberdades individuais e menores graus de intervenção estatal na sociedade.

partido político ou vinculada a determinados tipos de políticas econômicas e sociais. O conceito de tradição liberal identificado a seguir constitui-se de uma série de ideias que perpassam todo o espectro político dos Estados Unidos, compartilhadas por seus membros. A própria palavra tradição remonta a um passado comum e contínuo, neste caso ligado à época de constituição do país como Estado independente e aos desdobramentos desse evento histórico.

Tampouco a tradição liberal aqui referida é a do liberalismo europeu, seja em sua vertente econômica ou política. Apesar de fortemente influenciada pelo Iluminismo europeu, a tradição liberal dos Estados Unidos desenvolveu-se com características específicas. Mesmo compartilhando alguns princípios em comum, essa tradição liberal não é a mesma do liberalismo econômico de Adam Smith ou do liberalismo político de John Locke.[3]

Feitas essas advertências de caráter negativo, e antes de examinar o conteúdo positivo dessa tradição liberal, resta ainda uma ressalva quanto à leitura histórica que possibilita a identificação do conceito.

As histórias de uma História

O subtítulo acima é uma paráfrase ao título do livro de Gerson Moura (1995), publicado postumamente. Tal obra constitui o início de pesquisa sobre a leitura da história do Brasil feita por historiadores nos Estados Unidos, os chamados "brasilianistas". Moura discorre preliminarmente sobre os desenvolvimentos da historiografia naquele país. Entretanto, antes de abordar o trabalho dos "brasilianistas", o autor tem de recorrer a uma explicação sobre o estado da arte da disciplina. O objetivo é situar o leitor no contexto ao qual se inserem tais estudos e, assim, agregar também algum poder explicativo no entendimento dos caminhos que os estudos sobre o Brasil tomaram. Ao tratar a disciplina de História nos Estados Unidos, a tônica do trabalho de Moura é a exposição das diferentes maneiras de se narrar uma mesma história.

A relevância dessa obra de Gerson Moura não é apenas de teor substantivo, na medida em que o autor discute muitas das obras de referência que

[3] Vide "O elemento político", capítulo 1, p. 35.

serão aqui abordadas. Sua importância também se dá, sobretudo, pela perspectiva de análise utilizada. Caminhando pela evolução da historiografia nos Estados Unidos, Moura demonstra como os diferentes paradigmas da disciplina interpretaram e reinterpretaram a história dos Estados Unidos, nem sempre chegando a conclusões compatíveis. Neste sentido, seu trabalho é, além de relevante, uma advertência. A interpretação da história dos Estados Unidos que permite a identificação de uma tradição liberal é apenas uma das muitas interpretações possíveis e, como todas as outras, não pode ser tomada como definitiva. Essa relatividade, todavia, não invalida a tradição liberal como fator explicativo, pelos motivos expostos a seguir.

Um dos primeiros autores a identificar as singularidades das instituições políticas nos Estados Unidos foi Alexis de Tocqueville (2000; 2001). O autor viajou ao país em abril de 1831, como funcionário público francês, com a missão de analisar o sistema penitenciário de lá. Sua viagem, de pouco mais de um ano, além de um relatório sobre as prisões nos Estados Unidos, lhe rendeu a publicação dos dois volumes de *A democracia na América* – o primeiro em 1835 e o seguinte em 1840. Em ambos, o autor se mostra fascinado com a peculiaridade da democracia naquele país, para ele advinda da situação de igualdade entre os cidadãos estadunidenses, única em todo o mundo.

No entanto, a obra de Tocqueville permaneceu pouco discutida dentro dos Estados Unidos até meados do século XX. Ela só veio a ser resgatada com o aparecimento da história consensual durante a década de 1950, e foi por meio desse tipo de narrativa histórica que também se pôde identificar o conceito de tradição liberal. Para compreender as trajetórias do paradigma da história consensual e do conceito de tradição liberal se faz necessário analisar as bases pelas quais era tida a historiografia dos Estados Unidos à época.

A partir do final do século XIX, as leituras da história dos Estados Unidos foram marcadas pelo chamado paradigma da história progressista. O autor que desencadeia tal corrente é Frederick Jackson Turner, sendo seguido por outros nomes relevantes como Charles A. Beard, Vernon L. Parrington e Carl Becker. A interpretação progressista, de maneira geral, tende a ressaltar a característica do conflito econômico e político no desenrolar da história dos Estados Unidos. O primeiro passo é dado por Turner ao contestar as orientações tradicionais da disciplina até então, que enxergava a história dos Estados Unidos como um embate entre o norte livre e o sul escravista. O autor argumenta que tal conflito é secundário frente à característica principal do desenvolvimento do país: a disputa entre o leste capitalista e o oeste do pioneiro democrático (1986).

Turner é um dos grandes responsáveis pela construção do chamado mito da fronteira nos Estados Unidos. Segundo ele, as características dominantes dos estadunidenses só podiam ser expressas em sua totalidade na fronteira: um renascimento constante, sempre em expansão e com novas oportunidades, e em contato com uma simplicidade primitiva. Ainda, era a fronteira a válvula de escape por onde escoavam as tensões do leste capitalista e urbano. Dessa maneira, a fronteira seria a grande responsável pela promoção do caráter democrático dos Estados Unidos, na medida em que fornecia sempre terras a colonizar e oportunidades a todos. Seguindo o argumento do autor, é na fronteira que se expressa a singularidade dos Estados Unidos (Moura, 1995: 23-24).

Por mais criticada que tenha sido a tese da fronteira, ela lançou as bases para muitos debates sobre o movimento de expansão do país, sobre mobilidade social e, além disso, apresentou uma abordagem baseada no conflito social que depois seria desenvolvida por muitos outros estudos progressistas. Talvez o mais influente desses estudos tenha sido o trabalho desenvolvido por Beard (1941). Por meio de uma abordagem fortemente influenciada pela economia, esse autor escandalizou alguns historiadores mais ortodoxos ao apresentar uma leitura da Constituição dos Estados Unidos motivada não por ideais iluministas, mas por interesses capitalistas. Para Beard, à época da independência, dois grupos poderiam ser distinguidos: a grande maioria da nação composta de pequenos fazendeiros e trabalhadores, devedores de uma pequena minoria detentora de capital. Os Pais Fundadores foram, em sua maior parte, identificados com essa elite econômica e procuraram refletir na Constituição ideais que os beneficiassem, como o estabelecimento da propriedade privada e o incentivo à indústria e ao comércio (Moura, 1995: 26-27; Bacevich, 2002: 11-23).[4] A ideia de uma

[4] Em Bacevich encontra-se ainda uma discussão sobre as ideias de Beard referentes à política externa.

disputa entre Alexander Hamilton e Thomas Jefferson nos anos seguintes à independência e à Constituição também reflete em parte a ideia de conflito entre dois grupos sociais distintos: uma elite associada a Hamilton e o povo a Jefferson.

Parrington, Becker e outros progressistas também desenvolveram leituras da história dos Estados Unidos ressaltando as características de conflitos políticos e econômicos recorrentes. Todavia, como aponta Richard Hofstadter, tal paradigma de interpretação histórica acabou por mostrar-se esgotado em algumas décadas.

> Os historiadores progressistas e a geração de especialistas históricos que trabalhou sob sua inspiração levaram o conflito polarizado como um princípio de interpretação histórica de tal maneira que ninguém poderia ir adiante naquela direção sem arriscar autocaricaturar-se (1968: 439).

Hofstadter apresenta dois argumentos sobre o declínio da história progressista. O primeiro, como exposto anteriormente, pressupõe um movimento cíclico próprio das ideias. Utilizando a metáfora do pêndulo, o autor interpreta o desenvolvimento do paradigma progressista como tendo atingido o ápice de sua curva: qualquer evolução agora deveria vir do movimento contrário do pêndulo, do afastamento da ideia de conflito para alguma coisa diferente. Seu segundo argumento tem um caráter histórico. O momento derradeiro dos progressistas se deu na década de 1950, ao fim da Segunda Guerra Mundial e início da Guerra Fria, contexto propício a interpretações que ressaltassem a individualidade estadunidense. A existência de conflito é quase universal e muito facilmente estabelecia paralelos entre a história dos Estados Unidos e da Europa. Afastar-se desse paradigma foi, de certa maneira, afastar também tais comparações e abrir caminho para a celebração da singularidade.

Foi nesse contexto de esgotamento que se desenvolveu o paradigma da história consensual. Interessante notar que, mesmo não se sentindo confortável com sua classificação nessa vertente, Hofstadter (1974) foi um de seus primeiros promotores. Em livro de 1948, o autor analisa algumas das principais personagens da tradição política dos Estados Unidos. Reunindo uma série de artigos isolados sobre figuras como os Pais Fundadores, Abraham Lincoln, Woodrow Wilson, Theodore e Franklin Roosevelt, o autor tenta fugir das leituras tradicionais mostrando um outro lado da história, e normalmente o mais controverso, ao interpretar Jefferson como um aristocrata ou Andrew Jackson como capitalista. O único texto que dá coesão a esses ensaios isolados é a introdução do livro, na qual o autor expõe um dos motivos para essas outras interpretações apresentadas por ele terem ficado encobertas até aquele momento. Expressando uma crítica à história progressista, sua explicação é exatamente o esforço exagerado sobre a ideia de conflito na história dos Estados Unidos. Afastando-se do conflito, Hofstadter identifica o que há de contínuo nestas tradições políticas:

> Muito embora discordem de questões específicas, as principais tradições políticas creem, de modo compartilhado, nos direitos de propriedade, na filosofia do individualismo econômico, no valor da concorrência; elas aceitaram as virtudes econômicas da cultura capitalista como qualidades necessárias do homem (1974: xxxvii).

A proposta diferenciada de seu livro, a crítica progressista e a ideia de alguns valores compartilhados pela maioria das tradições políticas dos Estados Unidos foram o suficiente para relacionar Hofstadter ao paradigma da história consensual. Comentando o assunto anos depois, o próprio autor reconhece sua aproximação com a história consensual em início, mas aponta também sérias críticas à maneira como tais interpretações foram construídas, desvinculando-se assim desse paradigma (1974: 444).

Apesar da crítica aos progressistas e da ênfase exagerada na ideia de conflito, Hofstadter não se associa totalmente com a história consensual, principalmente como formulada por duas de suas principais referências: Louis Hartz e Daniel Boorstin.[5] O próprio Hofstadter é um dos que apresentam críticas contundentes aos dois autores e ao paradigma consensual como um todo, assumindo uma posição estranha ao participar tanto do início como do "encerramento" dessa perspectiva histórica.

A trajetória da história consensual foi curta; já no final da década de 1950 as muitas críticas lançadas contra tal abordagem começavam a apontar suas insuficiências. Dentre as críticas, três se destacam: (1) a incapaci-

[5] Os trabalhos de Hartz e Boorstin serão abordados a seguir em "A abrangência da tradição", neste capítulo, p. 42.

dade de abordar as especificidades da independência dos Estados Unidos, (2) sua irrelevância ao tratar a Guerra Civil e (3) a tendência a ignorar aspectos centrais da sociedade como suas divisões étnicas, raciais e religiosas (Hofstadter, 1968: 459). Da mesma maneira que surgira como uma crítica à ênfase exagerada na ideia de conflito, a proposta do paradigma consensual acabou reproduzindo esse mesmo erro, apenas em sentido oposto. O desenvolvimento de interpretações em chaves consensuais levou a um tratamento marginal de temas que não se encaixavam nesse modelo. As três críticas acima representam muito bem esse padrão: enquanto as divisões dentro da sociedade eram simplesmente postas à margem, a Revolução e a Guerra Civil foram tratadas com leituras que não faziam jus a suas complexidades.

Todavia, o movimento realizado na direção de se identificar uma tradição consensual na história dos Estados Unidos trouxe algumas contribuições importantes. A primeira delas foi um dos próprios motivos de sua existência: o afastamento da ideia de conflito como única narrativa possível e, assim, a inclusão de uma abrangência maior de temas no desenvolvimento futuro da disciplina. Outra crítica levantada ao paradigma consensual também esconde uma de suas qualidades. Como citado acima, essa abordagem preteriu a análise das divisões – raciais, religiosas e de gênero – dentro da sociedade estadunidense em favor de uma análise mais focada em uma tradição política constante que se identificava pela aceitação de valores comuns. Apesar de parcial, um enfoque desse tipo na tradição política dos Estados Unidos não era perseguido desde Tocqueville, e por isso também foi possível associar os primeiros trabalhos de Hofstadter com essa perspectiva.

O movimento de sucessão de paradigmas na historiografia dos Estados Unidos seguiu seu curso após a história consensual, e o trabalho de Moura é uma ótima introdução ao tema. No âmbito deste livro, a análise desses paradigmas limita-se à história consensual porque é por meio dela que se pode identificar o conceito de tradição política liberal nos Estados Unidos. Todavia, a utilização desse conceito se dará ciente de sua relatividade e suas limitações. Apesar das críticas, a ideia de consenso ainda revela aspectos importantes. Mesmo Hofstadter reconhece as contribuições da abordagem, principalmente definindo-a como um conceito negativo (1974: 452-456). Em vez de possuir um valor explicativo em si, a história consensual é mais útil no mapeamento dos limites da sociedade nos Estados Unidos. Afinal, foi desse motivo que nascera tal paradigma: contrabalançando uma concepção exagerada de conflito. O conflito social existe, sim, mas dentro de certos limites e variações definidos por uma tradição de valores compartilhados sempre presentes. A metáfora mais utilizada é a moldura de um quadro: não tem o conteúdo da pintura em si, mas delimita o que é a pintura e o que está fora dela. Na síntese de Hofstadter, "o ponto de vista do consenso é limitado na medida em que é apenas uma afirmação sobre a moldura ou a configuração da história e não sobre o que acontece dentro do quadro" (ibidem: xxix).

A tradição liberal será encarada neste trabalho como um conjunto de ideias que definem a configuração ou a estrutura do debate político praticado em torno delas. Assim, procurar-se-á identificar a influência da tradição política liberal no debate sobre a política externa e a inserção internacional dos Estados Unidos não como elemento definidor e decisivo de tais políticas, mas como pano de fundo essencial para o entendimento delas.

Um último argumento pode ser lançado em favor da ideia de consenso para a análise da política externa estadunidense. Se uma das críticas mais comuns à história consensual foi a marginalização do conflito social e das diferenças étnicas e raciais, em favor de uma análise muito centrada no aspecto político e no compartilhamento de alguns valores dessa classe política, é exatamente essa classe privilegiada pela perspectiva consensual que terá maior influência na definição dos rumos internacionais dos Estados Unidos.

A tradição política liberal

O que é então a tradição política liberal dos Estados Unidos? Como seria de se esperar, não há uma definição direta e consensual desse conceito. Louis Hartz e Daniel Boorstin, duas referências em relação à ideia de consenso e de tradição política, trilham caminhos diferentes para identificá-lo, ambos inspirados por Tocqueville, que percorre ainda uma terceira argumentação distinta. Assim, o método aqui utilizado será a identificação de ideias recorrentes na literatura sobre tradição liberal e, a partir delas, o reconhecimento de suas influências na inserção internacional dos Estados Unidos.

Em obra recente, um ex-senador estadunidense fornece um bom ponto de partida.[6] Segundo George McGovern (2004), as duas principais características da tradição liberal dos Estados Unidos são o comprometimento com "[...] as leis morais e éticas derivadas da versão da Bíblia do rei Jaime e dos filósofos do Iluminismo europeu" (idem: 11). Embora não possam ser tomadas de forma absoluta, essas duas influências se fazem muito presentes na tradição política liberal do país. A existência de uma série de valores advindos do Iluminismo europeu pode ser constatada desde a Declaração de Independência, bem como em referências que aparecem em inúmeros documentos oficiais. Da mesma maneira, a presença de uma moral cristã e protestante nos Estados Unidos teve repercussões desde o princípio dessa sociedade, sendo veiculada a partir dos primeiros peregrinos puritanos.

Para melhor compreensão, cada um desses elementos será tratado em separado e, em seguida, as origens e a abrangência desta tradição liberal serão abordadas conforme dois de seus principais idealizadores. A partir de então será possível analisar a influência da tradição liberal nas reflexões sobre a política externa dos Estados Unidos.

O elemento político

Como citado, as origens da tradição liberal dos Estados Unidos remontam à experiência das 13 colônias, ao processo de independência e aos primeiros anos da República. São vários os mitos fundadores do Estado, e por meio deles é que se desenvolve o sentimento de singularidade do país. Em sua vertente política, essas peculiaridades manifestam-se no comprometimento com alguns valores provenientes do Iluminismo europeu.

Uma das características peculiares do processo de independência dos Estados Unidos foi o não rompimento com os valores e as instituições políticas da metrópole. As colônias inglesas da América sempre desfrutaram de um grau maior de autonomia em comparação às demais colônias do Império Britânico. Os territórios na América do Norte possuíam uma organização política própria, baseada nos mesmos moldes e princípios dos

[6] McGovern, além de ex-senador, é doutor em História e foi o candidato à presidência dos Estados Unidos derrotado por Richard Nixon em 1972.

ingleses, em perfeito funcionamento e atendendo às necessidades locais. A independência se deu em um momento histórico no qual a Inglaterra foi levada a estreitar as relações com as colônias e cercear-lhes algumas liberdades (Karnal, 2001: 67-97). Uma série de guerras e disputas coloniais europeias acabaram também por provocar reflexos negativos aos colonos na América. Assim, uma das causas da Revolução em 1776 foi a percepção de que os interesses dos ingleses já não eram mais compatíveis com os interesses dos colonos e, por vezes, tornavam-se conflitantes. A luta pela independência nos Estados Unidos não foi travada com o objetivo de se estruturar uma sociedade em outros moldes; foi sim uma luta para se retornar a uma situação de organização social prévia, a um modelo anteriormente conhecido, inspirado no inglês, mas sem os constrangimentos proporcionados pela metrópole.

A formação cultural da elite colonial era muito próxima à dos britânicos. Em livro específico sobre política externa, Felix Gilbert (1961) mostra como as primeiras ideias e práticas políticas dos Estados Unidos descendiam diretamente das tradições europeias, em especial da inglesa. Homens como Thomas Jefferson e Benjamin Franklin pertenciam à elite cultural da época e frequentavam livremente os altos círculos da sociedade europeia. A apropriação de ideias europeias acerca de teoria política foi decorrência dessa orientação política original e da situação em que se encontravam as colônias.

> Consideramos estas verdades como evidentes por si mesmas, que todos os homens são criados iguais, dotados pelo Criador de certos direitos inalienáveis, como a vida, a liberdade e a procura da felicidade. Que a fim de assegurar esses direitos, governos são instituídos entre os homens, derivando seus justos poderes do consentimento dos governados [...] que sempre que qualquer forma de governo se torne destrutiva de tais fins, cabe ao povo o direito de alterá-la ou aboli-la e instituir novo governo, baseando-o em tais princípios e organizando-lhe os poderes pela forma que lhe pareça mais conveniente para realizar-lhe a segurança e a felicidade (U.S. National Archives & Records Administration, 2004).

Nesse trecho da Declaração de Independência, notam-se claramente valores compartilhados com o Iluminismo europeu, como a afirmação da igualdade dos homens e da existência de direitos inalienáveis à vida, à liberdade e à busca da felicidade.[7] A argumentação que a segue é totalmente inspirada na teoria do contrato social e poderia muito bem ser encontrada em tratados políticos britânicos sobre o assunto. Os homens, para assegurarem seus direitos, instituem entre si um governo que deriva seus poderes exatamente dos que consentem em sua criação. Uma vez que a soberania reside nos cidadãos, a qualquer momento que o governo por eles instituído deixe de cumprir suas funções – garantir seus direitos inalienáveis –, pode ser abolido e substituído por outro mais capaz de fazê-lo. É com essa argumentação que as 13 colônias vão se dirigir ao Império Britânico.

Um dos lemas da independência – não à taxação sem representação – era na verdade um antigo princípio inglês usado por burgueses contra Carlos I. Tais ideias, e a Revolução como um todo, não representavam uma ruptura com o modelo político inglês, mas sim uma quebra da ingerência da Inglaterra nos assuntos das colônias. E a inspiração teórica por trás dessa argumentação fora toda fornecida pelo Iluminismo europeu, e em um grau mais acentuado pelo liberalismo político britânico. Os próprios britânicos, há alguns séculos, lutaram para limitar a influência de seu rei e construíram uma teoria política com base nessa experiência. O que as colônias fizeram, em certo sentido, foi utilizar-se dessa mesma teoria: jogar John Locke contra John Locke.

Se o liberalismo político de Locke é refletido na concepção de que todos os homens são iguais e possuem o direito inalienável à liberdade, a afirmação seguinte quanto ao direito à busca da felicidade remete ao liberalismo econômico de Adam Smith. Se não houve ruptura com as tradições políticas inglesas, tampouco houve com seus princípios econômicos. Apesar das divergências entre as colônias do norte e do sul, ambas partilhavam das ideias econômicas liberais como a propriedade privada, a livre iniciativa, uma economia de mercado com livre concorrência e incentivos ao livre comércio.[8] A questão econômica e comercial fora um dos principais motes

---

[7] Claramente, os conceitos articulados à época de liberdade e igualdade entre os homens são bem distintos dos atuais. Todavia, no âmbito desta pesquisa esse ponto não requer maiores elaborações.

[8] Apesar de o livre comércio ser defendido em princípio, questões protecionistas foram umas das mais debatidas nas primeiras décadas da República.

das lutas de independência. Além da questão crucial da taxação, as imposições do Império Britânico quanto a restrições comerciais significavam perdas consideráveis principalmente para as colônias do norte, que possuíam características notadamente mercantis.

Novamente, a argumentação teórica é apropriada da tradição inglesa. Restrições comerciais e ingerência no funcionamento da economia seriam medidas completamente sem sentido. Em uma economia de mercado, a livre iniciativa e a concorrência deveriam funcionar livremente, sem serem molestadas por arbitrariedades do Império. Só dessa maneira poderia ser atingido o grau máximo de produção e lucratividade da economia, o que afinal era interessante e benéfico a todos. Nesse liberalismo econômico não havia espaço para o colonialismo inglês.

É notável como o respeito a ideias e princípios da economia liberal se difundiram pelos Estados Unidos de forma quase absoluta. Culturalmente, podem ser traçados paralelos com a ideia do homem bem-sucedido por seus próprios esforços (*self-made man*) ou com exemplos como a máxima de Franklin de que tempo é dinheiro. O estudo de Max Weber (2004) sobre a vinculação da ética protestante ao desenvolvimento do capitalismo também é particularmente aplicável à sociedade estadunidense. O fato é que princípios e máximas do liberalismo econômico permanecem difundidos no meio político dos Estados Unidos de maneira incontestável.

> A santidade da propriedade privada, o direito do indivíduo de tomar posse ou desfazer-se dela, o valor da oportunidade e a evolução natural do autointeresse e da autoafirmação, dentro de limites legais amplos, em uma ordem social benéfica, têm sido as principais máximas da crença central nas ideologias políticas americanas (Hofstadter, 1974: 37).

A influência do Iluminismo não se limita somente aos princípios da independência, mas a uma série de valores que pautaram a atuação política dos Estados Unidos no início de sua existência. Da Constituição Federal instituída em 1788 se reconhece claramente o princípio da separação dos poderes de Montesquieu. De forma direta, o primeiro artigo trata do poder legislativo e suas incumbências, o segundo artigo do poder executivo, e o terceiro do judiciário. A Declaração dos Direitos (*Bill of Rights*), conjunto das primeiras dez emendas à Constituição aprovadas em 1791, é outro exemplo. A primeira emenda trata da garantia dos direitos individuais dos cidadãos, liberdade religiosa e de culto, liberdade de expressão e de imprensa e liberdade de associação dos indivíduos.

A segunda emenda à Constituição já representa uma característica particular da tradição política dos Estados Unidos, com origens em sua experiência histórica. Tal emenda institui o direito de todo cidadão possuir uma arma. Para muitos, esse direito é interpretado como a garantia última do cidadão para se defender do Estado. Os colonos já haviam passado por essa experiência: para se defender do Império Britânico, e destituí-lo, tiveram de pegar em armas de modo a garantir sua segurança e sobrevivência. É conhecida a história dos *minutemen*, homens que, durante a Guerra de Independência, estavam preparados para a qualquer momento se defenderem de ataques ingleses.

Esses princípios de organização política, social e econômica, identificados aqui em suas origens históricas, perduraram desde a independência – ou mesmo antes dela – como ideias fundamentais que estruturam a sociedade estadunidense e seu pensamento político. Somadas a um caráter missionário e de predestinação de seu povo, essas características compõem a tradição política liberal dos Estados Unidos aqui identificada.

O elemento religioso

O que se pode chamar de elemento religioso na tradição liberal dos Estados Unidos é um conjunto de influências que essa tradição recebeu das primeiras seitas protestantes que imigraram para a América do Norte. Os motivos desse êxodo religioso são conhecidos: com o estabelecimento da Igreja Anglicana na Inglaterra, seguidores de diversas seitas protestantes deixaram a ilha procurando nova vida e liberdade religiosa nas colônias da América. Esses imigrantes, conhecidos como peregrinos (*pilgrims*), estabeleceram-se majoritariamente nas colônias do norte, pois as terras mais quentes e férteis ao sul já estavam ocupadas, e levaram consigo a formação, os princípios e valores que moldariam muito da sociedade estadunidense.

O grupo dos puritanos, protestantes calvinistas, estabeleceu-se nos territórios da Nova Inglaterra. A história do navio Mayflower é famosa: a embarcação levava os puritanos – que fugiam da opressão religiosa na Inglaterra – ao Novo Mundo. Durante o trajeto, seus ocupantes firmaram um pacto, o *Mayflower Compact*, no qual se comprometiam a fundar no Novo Mundo uma sociedade que seguisse leis justas e igualitárias. Ao desembarcarem em 1620, um pouco mais ao norte que o previsto, os puritanos enfrentaram muitas dificuldades para se estabelecerem. O inverno rigoroso e o fracasso da colheita de trigo trazido da Europa causaram muitas mortes, e a ajuda dos chefes indígenas locais foi essencial para os colonos. Ao final do primeiro ano de colonização, os sobreviventes decidiram realizar uma festa para celebrar a permanência da colônia e agradecê-la a Deus. Nos anos seguintes criou-se a tradição da festa de Ação de Graças (*Thanksgiving*), até hoje um dos eventos mais celebrados nos Estados Unidos.

O exemplo da Ação de Graças serve para simbolizar a abrangência da influência puritana na sociedade estadunidense. Essas colônias protestantes desenvolveram-se rapidamente, em parte devido à rigidez de suas regras religiosas e ao alto grau de controle imposto nas atividades da sociedade. Grande parte da historiografia tomou-os como o modelo dos colonos, da colonização de povoamento que desenvolve a comunidade local. Além disso, a crença no desenvolvimento do homem levou tais sociedades a fazerem grandes investimentos na educação: é no seio dessas comunidades que nascem as primeiras universidades nos Estados Unidos. Em certo sentido, os peregrinos puritanos são a origem do que se convencionou chamar de WASP (*white anglo-saxon protestant*), o branco, anglo-saxão e protestante formador da elite dos Estados Unidos.

A história de vida e a forte tradição religiosa desses peregrinos foram os fatores mais marcantes na influência que viriam a ter no imaginário da sociedade estadunidense. A experiência de deixar a Europa quase como fugitivos, a longa e penosa viagem e o desembarcar em um novo território pouco explorado foram marcantes para essa sociedade. Em sua fé religiosa, a travessia foi tida como uma provação divina, como um teste para que depois pudessem estabelecer uma nova sociedade com princípios justos e puros. A comparação direta foi estabelecida com a fuga do povo judeu do Egito, migrando anos pelo deserto no caminho de volta à terra prometida por Deus. Os puritanos viam-se como os judeus milênios antes, o povo escolhido por Deus passando por provações, e a América, a terra prometida.

Essa ideia teve fortes implicações no desenvolvimento das colônias e no posterior desenvolvimento da República. Se esse era o povo escolhido por Deus, todas as suas ações ganhavam um caráter divino, absoluto, certo por natureza. Os costumes iniciais da colonização puritana tinham um forte elemento moral presente. Os rígidos princípios religiosos passaram a nortear os costumes e a moral com tal força que, mesmo após décadas, esses elementos permanecem entranhados na cultura dos Estados Unidos. Tanto assim que o termo puritano, que em origem designava um grupo de protestantes calvinistas, tornou-se sinônimo de conservador, retrógrado.

A ideia de povo escolhido também traz consigo outra implicação. Pensar em si mesmo como uma sociedade predestinada por Deus lhe confere um grau de superioridade frente ao resto da humanidade. Essa sociedade pura e justa que estava sendo construída nas colônias da América era pensada como o exemplo da humanidade, o ideal que todas as outras deveriam, e iriam, naturalmente, seguir um dia. Assim nasce a ideia do experimento americano, a construção de uma sociedade nova que possui dentro de si os desejos de Deus e a virtude de toda a humanidade. Desde a formação das colônias, essa mesma ideia é transplantada para a República quando da independência dos Estados Unidos.

> Um povo eleito por Deus mostraria para a humanidade como criar um país a partir de princípios éticos e moralmente virtuosos: essa seria sua missão providencial. Tal qual um farol para o mundo, aqueles homens acreditavam que estavam não só criando um sistema inédito, mas de alcance universal. Uma criação única, modelo que eles iniciavam e que a humanidade, inevitavelmente, iria seguir. Na perspectiva deles, era o único caminho moral possível e qualquer outro modelo estaria na direção errada (Junqueira, 2001: 34-35).

Somem-se ao elemento religioso princípios iluministas sobre valores universais, em uma revolução pensada como a redenção do Novo Mundo frente ao velho, e o imaginário criado será altamente liberal e tomado em termos absolutos. Esse caráter de predestinação e de singularidade do experimento americano desenvolveu-se em conjunto com princípios como liberdade entre homens iguais, representação política igualitária, livre iniciativa e outros, para formar uma tradição política totalmente enraizada na sociedade dos Estados Unidos. Valores iluministas, em sua origem, são pensados de maneira absoluta, universal e aplicáveis a toda a humanidade. Ao se adicionar esse caráter religioso, de predestinação, escolha divina e singularidade de um povo, se geraria uma contradição, na medida em que esses valores universais estariam presentes apenas na nação predestinada. O resultado dessa dupla combinação foi uma tradição política que preza valores absolutos, mas ao mesmo tempo é autocentrada; quando pensa o internacional, essa tradição tenta refletir nele seus mesmos valores.

A abrangência da tradição

Apresentados os princípios da tradição liberal dos Estados Unidos, cabe explorar agora sua abrangência. Por que, afinal, tais ideias constituem uma tradição?

Uma das características intrigantes da sociedade nos Estados Unidos é que, apesar da existência de instituições políticas altamente desenvolvidas e integradas a esta sociedade, não existe uma produção em teoria política que acompanhe tal fato. Daniel Boorstin (1953: 8) expõe uma hipótese para a resolução de tal problema: é exatamente a crença da sociedade em princípios de uma teoria política tão absoluta, na confiança em suas instituições e no seu *modus vivendi*, que afasta os Estados Unidos de abstrações sobre uma teoria política própria. Para Boorstin, a sociedade nos Estados Unidos tem tanta certeza da existência de uma teoria política imutável e inabalável por detrás de suas organizações políticas que a discussão sobre tal teoria se torna irrelevante. A essa certeza, o autor dá o nome de *giveness*.

As origens desta característica de *giveness* seriam três (idem: 9). Uma primeira ideia de que a perfeição das instituições políticas veio como dada do passado, uma herança da sabedoria dos Pais Fundadores e dos peregrinos puritanos que conseguiram expressar na organização política a resolução de todas as necessidades presentes e futuras (ibidem: 10-22). A metáfora que Boorstin usa é a ideia de pré-formação: como se fosse possível colocar no microscópio os princípios políticos da independência e da Constituição e ali achar em miniatura todas as instituições políticas vigentes no presente. Segundo o autor, um dos fatos que possibilitou essa crença foi a formação dos Estados Unidos em um período recente. A sociedade não tem de recorrer a um mito de origem da mesma forma como os europeus, por exemplo. Apesar de ser fato que a própria independência foi mitificada na historiografia estadunidense, existe nesse país a ideia de que suas origens são dadas claramente pela história moderna, imparcial, bem documentada. Assim a constituição de um caráter nacional nos Estados Unidos, diferenciado do europeu, foi facilitada. A experiência e o modo de vida nos Estados Unidos são sempre referidos aos princípios dos Pais Fundadores.

Essa crença na validade dos princípios fundadores, da mesma maneira que ajudou a construir um caráter nacional particular, ajudou também a delimitar o que não está dentro desse caráter. Construiu-se uma ortodoxia política nos Estados Unidos, baseada nesses princípios originais, e tudo que se encontra fora dela ou seja crítico a ela é tomado com graus exagerados de histeria. Quando Charles Beard publicou seu *An Economic Interpretation of the Constitution of the United States* (1941), o sentimento de indignação foi evidente, pois sua leitura ia contra os cânones da historiografia que idolatravam a Constituição e os Pais Fundadores. O macarthismo foi apenas mais uma expressão dessa aversão a diferenças.

Boorstin ressalta ainda outros fatores que ajudaram a disseminação dessa ideia de pré-formação dos princípios políticos, como a heterogeneidade da população dos Estados Unidos. Os imigrantes que chegavam ao país em busca de novas oportunidades estavam dispostos a tornarem-se cidadãos dos Estados Unidos, serem incluídos na sociedade. Se a assimilação pressupunha a incorporação de princípios políticos tais como esses, liberais e não autoritários como em boa parte do mundo, e também sem imposições religiosas, tanto melhor. Como resumido pelo autor, os Pais Fundadores lhes deram uma teoria política, um esquema de valores e uma filosofia de governo; um ideal, estático e ortodoxo.

A segunda ideia do *giveness* é de que a adequação dessas instituições é fruto próprio da natureza dos Estados Unidos, natureza aí entendida em seu caráter ambiental: da paisagem, dos recursos naturais e da vastidão do território. Se a primeira característica estava ligada ao passado do país, a segunda está ligada ao seu presente e às suas condições naturais de existência. Se a primeira característica é estática e tem origem no plano das ideias, a segunda é dinâmica e se origina do próprio continente americano (Boorstin, 1953: 23-29).

Aqui perpassa a ideia de que a experiência e o modo de vida nos Estados Unidos têm sua origem na própria geografia da região. Desde as primeiras levas de imigrantes à colônia, as características do novo continente já eram exaltadas: a vastidão do território, sua abundância em colheitas e uma quase magia da água e do ar da América do Norte. Desenvolve-se a crença de que o estado natural dos Estados Unidos é um estado de liberdade, de igualdade e de independência. Esse estilo de vida é percebido pela sociedade estadunidense como tendo sido inscrito por Deus na natureza do continente. As qualidades quase mágicas da geografia foram traduzidas por Turner (1986) na tese da fronteira e seu papel na formação do país.

A terceira origem do *giveness* é a que relaciona as duas primeiras: a ideia de continuidade na história dos Estados Unidos. A qualidade de sua experiência histórica seria diferenciada, um contínuo de eventos homogêneos que mistura passado e presente, permitindo a aceitação de uma teoria dada pelas suas origens puras e perfeitas e ao mesmo tempo dada implicitamente pela própria natureza do país.

Para fundamentar essa última ideia, Boorstin (1953: 30-35) recorre à comparação com o continente europeu. O senso comum argumenta que os Estados Unidos não têm tradição histórica, devido a sua existência recente e à ausência de grandes acontecimentos, se comparados à Europa. No entanto, o autor tenta mostrar exatamente o contrário. Que nos Estados Unidos, através de sua estabilidade e continuidade, uma tradição e uma história podem realmente ser conhecidas. Na Europa, com sucessivas guerras, revoluções, anexações e mudanças de regime, não é mais possível distinguir qual a configuração normal de um Estado ou nação. Ao contrário, os cidadãos dos Estados Unidos foram brindados com um sentimento de unidade histórica e de normalidade no tipo de vida e nas relações sociais que perseguem. Essa característica de normalidade e continuidade seria tamanha que a própria organização política do país acabou assumindo um caráter de inevitabilidade. São essas condições que permitem o relacionamento do passado e do presente, dos princípios de uma teoria política promulgados pelos Pais Fundadores e, ao mesmo tempo, emanados das condições naturais e do estilo de vida.

O objeto deste *giveness*, da crença inabalável na perfeição das instituições políticas, é o que o autor nomeia de o gênio da política dos Estados

Unidos. Boorstin (1953) traça a origem dessas ideias em dois momentos históricos, não coincidentemente, nos puritanos e na Revolução. O que o autor denomina gênio político é um objeto semelhante ao que Louis Hartz chamará de tradição liberal, e o que neste texto é tratado como tradição política liberal. Seus princípios e ideias, suas influências puritanas e iluministas, foram explorados anteriormente. A característica do *giveness*, dessa tradição ser tomada como dada na sociedade, é relevante na medida em que confere a essas concepções um caráter de continuidade e de abrangência. No entanto, como o próprio autor reconhece em determinado momento do texto, por mais que estas noções de herança do passado, do presente e de continuidade levem à interação com os dados da própria história dos Estados Unidos, elas o fazem por meio de uma abordagem não histórica. É exatamente aí que residiriam as críticas vindouras a essa leitura consensual da história.

Uma das influências principais de Boorstin é a obra de Tocqueville, mas foi Louis Hartz (1955) quem se apropriou quase que diretamente dos argumentos do autor francês. Hartz assume algumas premissas para iniciar sua análise da tradição política nos Estados Unidos: a ideia de que o país foi colonizado por homens que fugiam da perseguição política e religiosa no continente europeu e a inexistência dessas opressões no novo continente se fazem presentes desde o início de sua obra. Para comprovar a singularidade daquela sociedade, o autor utiliza um método comparativo, contrastando sempre as situações daquele país com a Europa.

Para Hartz, o motivo principal da singularidade da tradição política dos Estados Unidos, o fato de ela ser constante, homogênea e liberal, resume-se à não existência prévia de uma ordem feudal no continente americano. Como não houve tal ordem anterior, ao contrário do caso europeu, nunca se pôde desenvolver nos Estados Unidos uma tradição conservadora que se reportasse a estes valores. Hartz estende ainda o argumento à não existência de correntes marxistas na política do país. O autor concebe o marxismo não apenas como uma quebra com a ordem burguesa europeia, mas também como uma resposta a resquícios feudais dessa sociedade; uma vez que isso inexiste nos Estados Unidos, a influência do marxismo torna-se irrelevante (1955: 6-7).

Por toda sua obra, o autor ecoa uma velha argumentação de Tocqueville, de que os americanos nasceram iguais em vez de terem de se tornar iguais como os europeus. A ideia que suporta esse raciocínio é a noção de que os europeus tiveram de lutar uma revolução (ou várias) para instalar uma sociedade com princípios liberais e construíram uma nova ordem sob os destroços de uma antiga. Nos Estados Unidos, a experiência foi completamente diferente: a partir da colonização, não houve ordem antiga a ser destituída ou utilizada como alicerce para uma construção liberal; não houve revolução. A independência teria sido uma luta contra a ingerência do Império Britânico, mas não contra suas instituições e princípios. Nesse sentido, os princípios liberais intrínsecos à constituição da sociedade foram muito mais contínuos e profundos.

O conceito de tradição liberal que Hartz utiliza é muito mais político, inspirado no liberalismo de Locke, do que o desenvolvido por Boorstin ou o apresentado aqui anteriormente. O autor, no entanto, reconhece as limitações de sua acepção e chega mesmo a citar a falta de um aspecto de origem puritana (Hartz, 1955: 4). A ideia de Locke de que em um estado de natureza os homens não competiriam por sobrevivência, mas sim pela distribuição dos recursos existentes, pôde ser vislumbrada na América: um continente novo, inexplorado e abundante em recursos, ao qual os homens chegavam em certa condição de igualdade. A inexistência de uma ordem social, política e econômica rígida e fundada em desigualdades como a ordem feudal europeia propiciou o desenvolvimento político liberal nos Estados Unidos. A independência fora lutada por esses princípios.

O fenômeno que Hartz tenta elucidar é como a falta de um antigo regime e a consequente falta de uma revolução contra ele levam a sociedade a interiorizar completamente os valores liberais de suas organizações políticas. Desenvolve-se um mecanismo autossustentável que reproduz a universalidade das ideias liberais. "Nunca houve um 'movimento liberal' ou um 'partido liberal' de verdade na América: nós apenas tivemos o *American way of life*, uma articulação nacionalista de Locke, que normalmente não sabe do envolvimento do próprio Locke" (idem: 11). É essa a característica principal da mente liberal que Hartz identifica. Partindo disso, o autor interpreta a história dos Estados Unidos tendo em mente esse liberalismo natural e tentando explorar sua tese em eventos como a Revolução, a trajetória dos partidos políticos, a Guerra Civil, chegando até o *New Deal*.

Seguindo o argumento do autor, o que ocorre é um movimento circular: a ausência de uma experiência que se contraponha aos valores liberais leva essa tradição a se tornar absoluta dentro dos Estados Unidos; uma vez interiorizada, essa mesma tradição impede a emergência de outras estranhas a ela. Como não existe relativização, os princípios liberais foram totalmente integrados à tradição política dos Estados Unidos sem qualquer outra tendência contestadora. Interessante notar como Hartz desenvolve seu argumento: uma vez que não há oposição interna, a definição desses princípios e de sua singularidade precisa ser dada de alguma outra forma. A decorrência natural é que tal definição se dê pela negação de um oposto; neste caso, por um externo, pelo internacional. Utilizando termos do próprio autor, a experiência interna dos Estados Unidos coloca sua população em uma situação estranha em relação ao resto do mundo. Princípios e valores políticos nos Estados Unidos são pensados de maneira universal: o local e o particular são, ao mesmo tempo, absolutos e universais. Essa falta de relativos leva a uma dificuldade na compreensão de outras sociedades com valores diferentes dos seus. Hartz questiona: "Pode um povo que nasceu livre compreender povos que tiveram que se tornar livres? Poderá, em algum momento, liderá-los? Ou, para inverter a questão, podem povos lutando por um objetivo compreender aqueles que o herdaram?" (ibidem: 66).

No momento em que escreve, no início do que viria a ser a Guerra Fria, Hartz tem consciência de que o desenvolvimento político mundial colocou os Estados Unidos em uma posição central no sistema internacional. Ao mesmo tempo em que enxerga a peculiaridade da tradição política do país, ele concebe também um desafio. Para o autor, a posição desfrutada pelos Estados Unidos é uma chance sem precedentes na história da nação: não apenas pela possibilidade, mas a necessidade de engajar-se com o internacional e, ao mesmo tempo, redefinir seus conceitos políticos de forma a adquirir outros referenciais. Hartz começa e termina seu texto problematizando o papel dos Estados Unidos no cenário internacional, dados seu desenvolvimento histórico e político peculiar, sua condição estranha de relacionamento com o mundo, e conclui seu trabalho deixando a proposição da chance de uma relativização de princípios no pensamento político estadunidense.

Além das características levantadas por Boorstin e Hartz, mais um elemento pode ser incorporado à tradição política liberal. Quem o identifica é Hofstadter, que apesar de muito crítico de ambos os autores também enxerga as contribuições do conceito de tradição liberal. Hofstadter (1968: 54) chama a atenção para o que ele nomeia de *comity*, que pode ser traduzido como respeito. Na definição do autor, esse respeito existe em sociedade quando as partes ou interesses conflitantes que nela existem demonstram uma consideração mínima uma pela outra. As disputas na sociedade são perseguidas, mas nunca com a intenção de destruir completamente o adversário ou negar-lhe a legitimidade ou seus valores. Uma certa consciência de comunidade perpassa as relações sociais e políticas, a humanidade e o senso cívico não são abandonados nas disputas. A máxima que mais representa tal respeito é a noção de que a oposição de hoje algum dia estará no governo. Hofstadter acrescenta que durante o transcorrer da história dos Estados Unidos, essa característica de respeito sempre se manteve, seja na Revolução, na Guerra Civil, seja em outros momentos, mas onde ela se faz mais presente e nítida é no relacionamento entre os dois partidos nacionais.

A tradição e o internacional

Tendo caracterizado os elementos da tradição política liberal e sua abrangência nos Estados Unidos, cabe tratar agora da influência dessa tradição na política externa do país e em suas interpretações. Como dito anteriormente, o objetivo desta pesquisa é avançar para além das leituras que classificam a política externa do país como bipartida entre uma vertente realista e outra idealista. Para tanto, pretende-se demonstrar a influência da tradição liberal na política externa dos Estados Unidos e como as interpretações que se utilizam dessa divisão entre realismo e idealismo falham ao articular tal influência liberal. As leituras que se utilizam dessa divisão tradicional serão abordadas nos capítulos a seguir, notadamente em dois momentos de maior relevância: a década de 1950 e a década de 1990, ou o pós-Segunda Guerra Mundial e o pós-Guerra Fria. Nesses dois capítulos serão tratadas duas diferentes abordagens da divisão entre realismo e idealismo: na década de 1950, inaugurando essa divisão e utilizando-a como meio de diálogo com a tradição de política externa vigente nos Estados Unidos; na década de 1990, reutilizando essas categorias como meio de classificação das políticas externas do país.

Todavia, antes de abordar essa discussão, é necessário demonstrar a relação da tradição liberal com a política externa em períodos anteriores. São os princípios gerados nessa interação com a tradição liberal que fundamentarão os padrões da política externa futura e, da mesma maneira, das leituras feitas a seu respeito. Assim, será discutido a seguir o relacionamento entre tradição liberal e política externa até o período anterior à Primeira Guerra Mundial.

Uma influente despedida

A referência primária ao tratar da política externa dos Estados Unidos é, sem dúvida, o discurso de despedida do presidente George Washington datado de 1796 (Dunne, 2001: 212).[9] Washington é tido como uma figura quase mítica na história dos Estados Unidos: é ele o pai da nação dentre todos os Pais Fundadores, general de vitórias na independência e homem de moral nobre e pura; é considerado a própria personificação do país. Reverenciado também entre seus iguais, foi escolhido para ser o primeiro presidente dos Estados Unidos e conduziu o país por dois mandatos. Ao final do segundo, resolveu afastar-se da vida política, decisão apontada por alguns historiadores como expressão da vontade de deixar o país seguir rumos normais e evitar a personificação do poder como nos regimes europeus. Por todos esses fatos, um discurso de despedida com recomendações a serem seguidas já causaria grande impacto na tradição política e na política externa.

Além desse fato, o discurso de despedida foi um documento amplamente trabalhado. Washington, em seu texto, reconhece que o escrevera por ocasião do fim de seu primeiro mandato, mas que a situação em que o país se encontrava levou-o a considerar a permanência no cargo por mais quatro anos. Quando enfim chegara a hora do discurso de despedida, foi pedido a James Madison e Alexander Hamilton que o revisassem; os dois

---

[9] Interessante notar que tal discurso não foi proferido e sim publicado em panfletos e jornais pela ocasião do término do segundo mandato do presidente.

eram adversários políticos e a tentativa de Washington foi produzir um documento neutro, que refletisse os verdadeiros interesses do país. Madison o fez, mas Hamilton, com a autorização do presidente, produziu uma nova versão que ampliava em muito o escopo do discurso e em especial o alerta aos perigos do engajamento externo.[10] Assim, o discurso de despedida não foi apenas uma exposição de ideias de um presidente em fim de mandato, mas um documento com grande valor simbólico que traduzia ideias presentes naquele ambiente político e traçava recomendações com um alto nível de autoridade.

O primeiro ponto levantado sobre política externa no discurso de despedida é a recomendação a um pragmatismo constante na condução das relações internacionais. Afeições ou inimizades com nações específicas poderiam deturpar a visão do governante e trazer resultados prejudiciais à sociedade. Todavia, a herança mais conhecida desse documento é exposta em seguida, na proclamação da grande regra de Washington. "A grande regra de conduta para nós em relação a nações estrangeiras é, ao ampliar nossas relações comerciais, ter com elas o mínimo possível de contato político."[11] Para fundamentar tal recomendação entra em cena a ideia do caráter excepcional dos Estados Unidos. Prossegue o discurso:

> A Europa tem um conjunto de interesses primários que para nós não têm nenhuma, ou muito remota, relação. Por isso, ela está envolvida em controvérsias frequentes, cujas causas são essencialmente estrangeiras às nossas preocupações. Daí, portanto, seríamos imprudentes em implicar-nos por laços artificiais nas vicissitudes ordinárias de sua política, ou nas combinações e colisões comuns de suas amizades ou inimizades.
>
> Nossa situação distante e desapegada nos permite e convida a seguir um caminho diferente. Se nós permanecermos como um povo sob um governo eficiente, não está longe o tempo em que poderemos desafiar a injúria material de uma perturbação externa; quando poderemos tomar uma atitude que fará com que a neutralidade, pela qual poderemos nos decidir a qualquer tempo, seja escrupulosamente respeitada; quando nações beligerantes, sob a impossibilidade de fazer aquisições sobre nós, não tomarão levemente o risco de

[10] Vide Gilbert, 1961: capítulo V e McDougall, 1998: 45.

[11] *Transcript of President George Washington's Farewell Address (1796)*. Disponível em: <http://www.ourdocuments.gov/doc.php?doc=15&page= transcript>. Acesso em: 1º set. 2004.

> nos dar provocações; quando poderemos escolher entre a paz ou a guerra como o nosso interesse, guiado pela justiça, nos aconselhar.
>
> Por que abrir mão das vantagens de uma situação tão peculiar? Por que sair de nosso próprio para ficar sobre solo estrangeiro? Por que, ao entrelaçar nosso destino com o de qualquer parte da Europa, emaranhar a nossa paz e prosperidade nas malhas da ambição, rivalidade, interesse, humor ou capricho europeus?[12]

Washington está claramente traçando uma distinção entre os Estados Unidos e a Europa – ou qualquer outra parte do mundo, em uma derivação lógica do argumento. Enquanto o Velho Continente está envolvido em guerras e disputas de poder, os Estados Unidos mantêm-se afastados dessa realidade. Assim, esse país possui características singulares que lhe permitem não participar dos problemas europeus. O presidente está tentando fundamentar o caráter da condução da política externa nos Estados Unidos como diferenciado, excepcional em relação à Europa e ao resto do mundo.

A referência implícita aos valores da tradição liberal é imediata. Da mesma maneira que a sociedade nos Estados Unidos se constituiu de forma diferente, mais igualitária e mais democrática em comparação ao restante do planeta, as suas relações exteriores também devem ser constituídas de maneira diversa. Essa situação de afastamento geográfico deve, portanto, ser aproveitada de modo a impedir que se reproduzam no novo continente as questões e os problemas vivenciados pelo antigo. Há um paralelo direto entre a ideia de singularidade do povo e das virtudes do experimento americano com essa maneira especial do país conduzir as suas relações internacionais.

Outra ideia presente na política externa dos Estados Unidos, por influência da tradição liberal e desse caráter excepcional, é a busca constante para que as ações do país no cenário internacional não sejam limitadas por nenhuma outra nação. A derivação desse conceito é simples: se os Estados Unidos são uma nação especial, ou mesmo um povo escolhido, as políticas do país não devem ser constrangidas por nenhum fator externo, para que dessa maneira possam expressar apenas sua singularidade e gran-

---

[12] *Transcript of President George Washington's Farewell Address (1796)*. Disponível em: <http://www.ourdocuments.gov/doc.php?doc=15&page= transcript>. Acesso em: 1º set. 2004.

deza. Se fossem dependentes de outras nações, os Estados Unidos acabariam caindo nas mesmas vicissitudes vivenciadas por elas. Por vezes chamado de unilateralismo, esse princípio não defende a ação individual do país em toda e qualquer circunstância; isso seria um exagero do argumento.[13] O que se busca é manter sempre uma margem de manobra para poder responder aos problemas de acordo com suas especificidades, sem depender de outros para agir e sem ter de agir em prol de outros. Reservada tal margem de manobra, alianças temporárias podem ser perseguidas se for do interesse da nação. O próprio discurso de Washington reconhece essa possibilidade, bem como afirma a necessidade de se cumprirem os pactos já estabelecidos.

O caráter excepcional da política externa dos Estados Unidos e a busca por autonomia em suas ações são duas características que por vezes são tomadas na literatura como princípios absolutos de atuação internacional, devendo sempre ser aplicados em qualquer caso. Não parece ser esse o caso exposto pelos próprios Pais Fundadores: suas recomendações estavam pautadas por uma realidade e um contexto histórico específicos. Durante todo o discurso de despedida, fica evidente a preocupação de Washington com fatores que pudessem desestabilizar a então recente República formada nos Estados Unidos – tanto internos quanto externos. A influência internacional é tida como um desses fatores, e por esse motivo todas as precauções a ela lançadas. O que fundamenta essas recomendações é a ideia de que um país recém-formado como os Estados Unidos ainda não apresenta condições de se engajar no cenário europeu sem sair prejudicado. A melhor

[13] Essa característica de busca por autonomia é chamada de unilateralismo por boa parte da literatura sobre política externa dos Estados Unidos. Para uma discussão sobre a utilização do termo unilateralismo e seus exageros vide, por exemplo, Dunne (1998: 172) e McDougall (1998: capítulo II, em especial p. 40-42). Todavia, tal concepção de unilateralismo é distinta do entendimento usual do termo. Unilateralismo, em oposição a multilateralismo, é normalmente utilizado para designar ações ou políticas tomadas individualmente por um ator, sem o consentimento dos demais envolvidos, que acaba por constranger outros atores a tomarem medidas em sua referência. Feita essa ressalva, a utilização do termo unilateralismo neste trabalho seguirá a definição da literatura sobre política externa dos Estados Unidos, qual seja, a busca por autonomia. Na verdade, essa interpretação é mais bem expressa na regra geral de Hume sobre o equilíbrio de poder: "uma vontade de não estar à mercê dos outros." Vide Aron (2002: 215).

orientação é que se retire em seu providencial afastamento continental e se desenvolva, para quando chegar o momento estar em nível de igualdade com as demais potências.

Nesse sentido, tanto o caráter excepcional quanto a busca por autonomia são instrumentos pelos quais os Estados Unidos podem perseguir uma trajetória de fortalecimento próprio, sem se colocar em uma situação desfavorável envolvendo-se com as disputas das nações europeias. Tais princípios, como expostos e aplicados pelos Pais Fundadores, não são de maneira alguma absolutos, fins em si mesmos. O legado deixado por essa geração de homens que viveram a independência foi resultado de sua própria experiência. O argumento de seus formuladores deriva de uma condição histórica específica; alterados o contexto e o nível de relacionamento entre os Estados Unidos e as demais nações, tais princípios também devem ser revistos e reinterpretados.[14]

Todavia, o fator mais significativo para exemplificar a influência da tradição liberal no pensamento sobre política externa nos Estados Unidos está materializado na maneira pela qual o presidente justifica suas recomendações no discurso de despedida. "Observe a boa fé e a justiça para com todas as nações; cultive paz e harmonia com todos. A religião e a moralidade impõem tal conduta; poderia ser que boas políticas igualmente não a impusessem?" Para Washington, os mesmos princípios nobres da religião e da moral, de conduta pautada na boa fé, na justiça, na harmonia e na paz, são os melhores princípios políticos para se conduzir o relacionamento entre as nações. Mais do que isso, exatamente porque esses são bons princípios de religião e de moral, deriva o fato de também serem bons princípios políticos. "Harmonia, relações livres com todas as nações, são recomendadas por políticas, humanidade e interesses." É expressa aqui uma fusão entre recomendações com bases políticas, na humanidade e nos interesses: todas são uma só. Não existe diferença entre a recomendação moral e a política: a recomendação moral é política.

É aqui que reside o elemento fundamental da influência da tradição liberal na política externa dos Estados Unidos: uma ausência de relativização

[14] Vide a discussão a seguir sobre as atitudes de Thomas Jefferson quando na presidência e, em seguida, aconselhando o presidente James Monroe.

de valores, tão bem expressa no discurso de despedida de Washington. Princípios morais e religiosos são tomados como princípios políticos. Tais princípios morais e religiosos são universais e absolutos por sua própria natureza. Ao serem transplantados para os interesses políticos do país, traduzem esses interesses particulares em universais e absolutos. A relação entre um interesse político particular e um princípio moral universal é desfeita. Ao tratar a política externa dos Estados Unidos, essa influência liberal pensa o particular como universal. Olhando como um observador externo, é nítido que esses princípios morais e religiosos são particulares àquela sociedade. A partir deles, pensar seus interesses políticos como universais só faz sentido para os que estão imersos nessa mesma tradição liberal. Todavia, a constatação dessa relatividade não faz parte do pensamento liberal.

Foi dito anteriormente que o caráter excepcional da política externa dos Estados Unidos e seu comportamento unilateral em busca de autonomia são duas influências da tradição liberal derivadas de uma experiência histórica e, portanto, não absolutos. Mas em seguida está exposta a característica principal da influência da tradição liberal na política externa do país: traduzir interesses particulares em universais. A aparente contradição que existe aqui é, na verdade, a característica principal da política externa dos Estados Unidos: sua capacidade de traduzir e justificar diferentes tipos de conduta política por meio de sua tradição liberal. O discurso de despedida de Washington é emblemático nesse sentido. Encontram-se ali recomendações políticas baseadas na experiência histórica, como demonstrado nas ideias de excepcionalidade e unilateralismo. Mas, no mesmo discurso, os princípios de atuação política dos Estados Unidos são equiparados com princípios morais e religiosos.

Esse caráter absoluto de ideias e interesses na atuação internacional dos Estados Unidos está diretamente ligado à homogeneidade e continuidade da tradição liberal; suas influências foram sentidas ao longo dos séculos e continuam sendo sentidas até hoje, pela dificuldade de se interpretar valores externos a essa tradição. Para além do caráter excepcional e da busca por autonomia, a ausência de relativização e a universalização do particular vão marcar a influência da tradição liberal na política externa.

Ideias de abrangência continental

Avançando um pouco mais, outra constatação da influência da tradição política liberal na política externa dos Estados Unidos pode ser encontrada na Doutrina Monroe.[15] Constituída de alguns princípios que norteariam a política externa do país, tal doutrina foi proclamada pela primeira vez pelo presidente James Monroe em discurso ao Congresso em 1823. Sua proposição central era "[...] de que os continentes americanos, pela condição livre e independente que eles assumiram e mantêm, não devem ser considerados, doravante, como sujeitos de colonização futura por quaisquer potências europeias [...]".[16]

A intenção era clara: impedir que as potências europeias reconquistassem as colônias no continente americano que uma após a outra vinham passando por processos de independência. Ainda, existiam áreas no Novo Mundo que não haviam sido alvo de colonização, nem tampouco reivindicadas por nenhuma nação. Pelos princípios da Doutrina Monroe, tais territórios também estariam fora do alcance das potências europeias.

Foram muitas as motivações por trás da proclamação da Doutrina Monroe. O objetivo imediato mais claro era sinalizar o repúdio dos Estados Unidos à possibilidade de que repúblicas recém-independentes do Império Colonial Espanhol pudessem ser reconquistadas. Além disso, outras potências europeias estavam interessadas em territórios ainda não demarcados na costa oeste da América do Norte. O Império Russo, que já controlava o que é hoje o estado do Alasca, tinha pretensões sobre uma região da costa oeste denominada de Grande Oregon. A Inglaterra também possuía interesses na costa oeste do continente, principalmente no que concernia à utilização dos mares e à livre navegação. Aos ingleses não interessava diretamente a disputa por territórios na América. Todavia, não poderiam permitir que nenhum rival europeu conquistasse ali um grande império, desestabilizando assim as relações de poder no Velho Continente.

---

[15] *Transcript of Monroe Doctrine (1823)*. Disponível em: <http://www.ourdocuments.gov/doc.php?doc=23&page=transcript>. Acesso em: 1º set. 2004.

[16] A discussão a seguir sobre a Doutrina Monroe está principalmente baseada em McDougall (1998: capítulo III), Mead (2002: capítulo III) e Dunne (2001; 2003).

Os Estados Unidos partilhavam dos interesses britânicos, tanto sobre a livre utilização dos mares quanto sobre o não estabelecimento de potências europeias no continente. A preocupação com o direito à navegação era óbvia devido ao forte comércio marítimo desenvolvido pelo país e à existência de territórios a oeste que seriam seriamente prejudicados caso lhes fosse impedida a utilização do Oceano Pacífico. Ainda, para além das preocupações inglesas com a balança de poder, os Estados Unidos não queriam o surgimento em seu hemisfério de nenhuma potência em condições de lhes ameaçar.

À época, negociações foram tratadas com a própria Inglaterra sobre a possibilidade de se emitir um pronunciamento conjunto entre os dois países. Essas conversas tiveram um prosseguimento sério, e o conteúdo do documento seria muito próximo à Doutrina Monroe, estabelecendo, além da não intervenção europeia em assuntos do continente, a reafirmação da livre utilização de seus mares. Pela seriedade da situação e buscando algumas opções, Monroe consultou dois ex-presidentes: James Madison e Thomas Jefferson. Ambos demonstraram apoio ao conteúdo do documento e concordaram com a necessidade de uma atitude do governo frente às possíveis ameaças de atuação europeia no continente. A única ressalva, no entanto, foi a maneira pela qual essa atitude seria tomada: não havia certeza se um posicionamento conjunto com a Inglaterra seria o melhor meio de fazê-lo, nem quais as implicações futuras de tal fato.

Por fim, Monroe tomou a opção contrária a um pronunciamento ou tratado conjunto. Declarou sozinho a Doutrina que levaria seu nome e deu uma clara sinalização à Europa de que qualquer interferência nos assuntos do continente americano não seria vista com bons olhos. Ao fazer tal escolha e seguir individualmente, Monroe evitou abrir precedente à opção de vincular diretamente os Estados Unidos a outras nações. Todavia, contava sem dúvida com o apoio velado inglês e com a proteção da marinha real, tendo a Inglaterra suas aspirações perfeitamente atendidas pela declaração do presidente.

Em seu discurso, Monroe reafirmou o caráter excepcional dos Estados Unidos e as diferenças existentes entre o regime democrático de seu país em relação às potências europeias. Reafirmou também que os Estados Unidos não participariam das disputas de poder no Velho Continente; no entanto, se e quando as nações europeias resolvessem reconquistar impérios na América, o país consideraria seus direitos invadidos e ameaçados e poderia agir a esse respeito.

Uma das questões levantadas pela Doutrina Monroe é se ela quebra ou não os princípios de política externa estabelecidos por Washington décadas antes. Pode-se argumentar que ela estabelece uma relação direta entre os Estados Unidos e as repúblicas americanas, acabando assim com a ideia de autonomia. Uma vez o país estando compromissado com a defesa do continente, poderia acabar por colocar-se em uma situação em que teria de agir não por seu próprio desejo, mas por necessidade dos países vizinhos. Todavia, este não foi o caso como pensado por seus formuladores. A aplicação da Doutrina sempre foi pragmática e unilateral. Sempre que foi invocada, refletia uma intenção de agir por parte dos Estados Unidos, nunca de outros países pedindo por seu socorro.

Um de seus principais formuladores foi John Quincy Adams, Secretário de Estado à época e futuro presidente. Adams foi particularmente importante nas negociações iniciais com a Inglaterra. É dele a observação que mais caracteriza o grau de pragmatismo da doutrina, quando diz que "os Estados Unidos não iriam sair à procura de monstros". Ademais, nos casos em que realmente houve alguma intervenção dos Estados Unidos em questões de outras repúblicas americanas, relacionadas a disputas com potências europeias, a ação tomada sempre se deu conforme suas decisões próprias, com pouca ou nenhuma consulta às partes envolvidas no continente. Um dos exemplos notórios é o caso do bloqueio aos portos na Venezuela, no qual o governo dos Estados Unidos interveio junto à Inglaterra para solucionar a questão, com uma participação quase neutra dos próprios venezuelanos.

A esse respeito, é importante considerar a posição do terceiro presidente dos Estados Unidos. Thomas Jefferson fora um dos Pais Fundadores, participara da independência ao lado de Washington e outros, e por ocasião dos debates sobre a Constituição em 1788, encontrava-se servindo como representante diplomático em Paris. Quando assumiu a presidência em 1801, muitos o olhavam com desconfiança, devido a sua proximidade com a França e pelos efeitos prejudiciais que tal influência poderia trazer ao país. No entanto, no decorrer de seu mandato, Jefferson manteve-se atento à grande regra de Washington sobre influências e afeições a nações estrangeiras. Durante o conturbado período revolucionário francês e de conflitos com outras nações europeias, os Estados Unidos permaneceram neutros, não tomaram parte no conflito, e até se aproveitaram da oportunidade para garantir a compra do território da Louisiana.[17] Anos mais tarde, ao considerar o pronunciamento a respeito da Doutrina Monroe, a posição do ex-presidente foi diversa. Não havia nada ali que ameaçasse as orientações de Washington ou o princípio da autonomia. As relações com as repúblicas americanas não constituíam alianças e tampouco poderiam constranger o país de alguma maneira; dadas suas características, não havia por que rejeitar o posicionamento de Monroe nessas bases. Confrontado com situações históricas diferentes, Jefferson soube interpretar e aplicar as ideias por trás da formulação da grande regra.

Também ao contrário do que se poderia pensar, a Doutrina Monroe não representa um isolamento dos Estados Unidos e do continente americano em relação aos assuntos europeus. Claramente, ela está em concordância com as motivações de Washington em seu discurso de despedida: permite aos Estados Unidos um desenvolvimento contínuo em seu hemisfério sem se envolver com as disputas de poder na Europa. Todavia, essa disposição não significa uma desatenção aos assuntos do Velho Continente. A motivação inicial da Doutrina fora proveniente da Europa: uma possível ameaça à segurança nacional representada pela ação de potências europeias nos territórios da América. Dessa maneira, a própria formulação da Doutrina expressa a necessidade de preocupação com a situação no continente europeu.

[17] A compra dobrou o tamanho territorial dos EUA à época e garantiu que o conflito entre britânicos e franceses não fosse transferido para as fronteiras do país. Jefferson tinha interesse na compra de Nova Orleans para evitar que franceses e espanhóis pudessem interferir no comércio e escoamento de produtos pelo porto da cidade. A Espanha tinha transferido a posse do território da Louisiana para a França em 1800. Com o colapso do domínio francês no Haiti e com o iminente conflito com o Reino Unido, Napoleão decidiu oferecer todo o território para os EUA. Em 30 de abril de 1803, os EUA adquiriram o que são hoje os estados do Arkansas, Missouri, Iowa, Oklahoma, Kansas, Nebraska, e partes de Minnesota, Dakota do Norte, Dakota do Sul, Novo México, Texas, Montana, Wyoming, Colorado e Louisiana. A compra, no valor de US$ 15 milhões (US$ 219 milhões em dólares de 2010), equivale hoje a 23% do território do país.

Ademais, a segurança e a tranquilidade interna dos Estados Unidos passaram a estar relacionadas diretamente com a Inglaterra e com a capacidade dessa última na defesa da livre navegação dos mares por meio de sua Marinha. Era claro que os Estados Unidos não possuíam capacidade de implementar e policiar a livre navegação para além de suas costas marítimas. Mesmo a Doutrina Monroe e a afirmação de repúdio a novas tentativas colonialistas tinham um caráter mais simbólico que efetivo: naquele momento, mesmo uma ação dentro do continente poderia ser questionada. Dessa maneira, estabelecia-se uma vinculação direta entre os rumos do país, a situação da Inglaterra e, por consequência, da Europa. Uma vez que o equilíbrio de poder na Europa estivesse ameaçado, e a Inglaterra não mais pudesse efetuar o policiamento dos mares, os Estados Unidos acabariam por envolver-se em assuntos europeus. Enquanto isso não ocorria, a Inglaterra propiciava o tempo necessário para a consolidação interna do país. Aos ingleses, essa barganha também parecia útil, para além das afinidades linguísticas e culturais, ao identificarem nos Estados Unidos uma potência a quem também interessava a manutenção do comércio marítimo livre e de uma distribuição de poder estável na Europa. Uma vez estabelecidos nacionalmente, os Estados Unidos também atuariam pela manutenção do *status quo* e poderiam ser os garantidores dos ingleses no futuro.[18]

Além de reafirmar os princípios contidos no discurso de despedida, a Doutrina Monroe tem outra referência implícita à tradição política liberal: a ideia de missão, de destino. Como exposto, a Doutrina tinha motivações políticas reais, respondendo a possíveis ameaças ao país. Todavia, na exposição de seus argumentos, ela remete à ideia de que os Estados Unidos seriam o bastião da liberdade e o garantidor dos direitos das repúblicas da América. Essa ideia de exemplo e de proteção é muito recorrente na política dos Estados Unidos e já aparecia em menor escala no discurso de despedida de Washington. Novamente, é a missão do povo e da nação escolhidos para serem o exemplo e a redenção da humanidade. Décadas mais tarde, principalmente na guerra contra a Espanha e com o Corolário Roosevelt, a Doutrina Monroe, essa influência da tradição liberal e a ideia

[18] O argumento aqui é de Walter Russel Mead e é próximo a uma leitura *a posteriori* do desenvolver da Guerra Fria. Vide Mead (2002: 81).

de missão vão se juntar a um tipo de expansionismo dos Estados Unidos, representado pela ideia de Destino Manifesto. Da mesma forma que a expansão foi natural dentro do território do país, conduzida por uma ideia de providência divina, de povo escolhido, e reproduzida no mito da fronteira, a tradição liberal também teve reflexos na política externa, na ideia de um sistema hemisférico americano, liderado, protegido e mantido pelos Estados Unidos.[19]

Conclusão

Brevemente, por meio da exposição de duas das principais fontes da política externa dos Estados Unidos em suas primeiras décadas de existência, foram aqui expostos quatro princípios que refletem a influência da tradição política liberal no pensamento sobre política externa desse país.

Relacionando-os rapidamente, (1) singularidade ou excepcionalidade, na ideia de que os Estados Unidos devam se conduzir internacionalmente de forma diferenciada, (2) autonomia ou unilateralismo, na ideia de que suas ações não devam ser constrangidas por outras potências, (3) reafirmação desses dois primeiros princípios na ideia de sua aplicação continental por meio da Doutrina Monroe e (4) expansão desses conceitos na ideia de Destino Manifesto.

Muito mais haveria para ser dito a respeito desses princípios de atuação internacional dos Estados Unidos, e de fato existe uma vasta discussão na bibliografia anteriormente referenciada. O objetivo aqui, entretanto, não é a discussão específica desses princípios, mas a demonstração de seus fundamentos na tradição política liberal dos Estados Unidos e de que maneira essa tradição está presente no pensamento sobre política externa.

Para além das recomendações políticas desses quatro princípios, por todos eles perpassa a influência principal da tradição liberal na política externa: sua capacidade de traduzir interesses particulares em universais. Assim, a política externa dos Estados Unidos é pensada e produzida imersa em uma tradição de pensamento liberal em que interesses políticos e princípios morais e religiosos estão no mesmo patamar. É esse fator liberal que

[19] Sobre a ideia de Destino Manifesto, vide McDougall (1998: capítulo IV).

possibilita a coexistência de políticas que, de outra forma, seriam contraditórias. É esse fator liberal que jamais é explicitado pela bibliografia sobre a política externa do país. Por mais que distinções e classificações possam ser feitas, a exemplo das ideias de realismo e idealismo, abordadas a seguir, a tradição liberal age, segundo Hofstadter, como a moldura de um quadro, delineando os limites dessa política externa.

CAPÍTULO 2

Origens: o debate sobre relações internacionais e política externa na década de 1950

Até este ponto, toda a argumentação aqui desenvolvida teve por objetivo identificar a tradição política liberal dos Estados Unidos e suas influências no pensamento sobre a política externa do país. A compreensão da tradição liberal possibilita uma interpretação alternativa, que transcende a leitura tradicional marcada pela divisão entre realistas e idealistas. Cabe agora abordar diretamente essa leitura tradicional com a qual este livro dialoga. A discussão a seguir será dividida em dois momentos: o primeiro, objeto deste capítulo, é referente ao aparecimento da dicotomia entre realistas e idealistas logo após o fim da Segunda Guerra Mundial e durante o início da década de 1950. O segundo momento, abordado com profundidade no próximo capítulo, tratará da reprodução dessas categorias no debate sobre política externa após o fim da Guerra Fria e no decorrer da década de 1990.

Apesar da análise conjunta e das características similares entre os dois momentos, também existem diferenças fundamentais no desenvolvimento dessas duas reflexões sobre política externa. As semelhanças desses dois períodos são expressas pelos próprios nomes utilizados para descrevê-los: o pós-Segunda Guerra Mundial e o pós-Guerra Fria. Trata-se de dois momentos de acomodação do sistema internacional. Após o término dos referidos conflitos, as bases de organização do sistema foram transformadas drasticamente. No primeiro momento, as potências europeias deixaram de ser atores fundamentais no sistema internacional e passaram a agir sob a sombra das duas superpotências que emergiam; no segundo momento, essa ordem bipolar desapareceu em razão do fracasso de uma das superpotências. Mudanças de tal ordem nas relações internacionais têm efeito direto sobre os rumos da política externa dos Estados. Mesmo com a Segunda

Guerra Mundial terminada em 1945, a definição efetiva de um paradigma para a política externa dos Estados Unidos só ocorreria no começo dos anos 1950, à época do início da Guerra da Coreia. Da mesma maneira, após a queda do Muro de Berlim, em 1989, e o esfacelamento da União Soviética em 1991, não surgiu um paradigma que pautasse as ações dos Estados Unidos como ocorrera na Guerra Fria.[1] A análise desses dois períodos é elucidativa por tratar de momentos de transição e de redefinição dos rumos da política externa. O que torna essa análise conjunta interessante é o fato de, em ambos os casos, as análises publicadas à época sobre a política externa dos Estados Unidos utilizarem a distinção entre realistas e idealistas para caracterizar as atuações internacionais do país.

Se as semelhanças entre esses contextos geram uma análise frutífera, a compreensão de suas diferenças também é esclarecedora. Os autores que inauguraram a distinção entre realistas e idealistas no período pós-Segunda Guerra Mundial encontravam-se em uma posição diversa daquela de seus perpetuadores no pós-Guerra Fria. O esforço desse primeiro grupo de autores foi no sentido de trazer uma tradição de pensamento político até então pouco prestigiada nos Estados Unidos para o centro das discussões sobre política externa. Essa tradição externa é a do realismo continental europeu, da *realpolitik* alemã, da *raison d'état* francesa, completamente diversa da tradição liberal dos Estados Unidos. O movimento da primeira geração de autores foi dialogar com a tradição liberal e tentar inserir no país conceitos até então não problematizados. É dessa maneira que são criadas as categorias realismo e idealismo: em um diálogo com a tradição liberal e na tentativa de inserir-lhe outros conceitos.

Tal esforço é motivado pela preocupação desses autores com a participação dos Estados Unidos no cenário internacional, o que identificavam como essencial à manutenção da estabilidade após a Segunda Guerra Mundial. A ausência do país no período entreguerras, ou sua opção por não se comprometer demasiadamente com assuntos europeus, teria sido uma das

[1] As propostas de uma "nova ordem mundial", do "engajamento e expansão" ou da "nação indispensável" não produziram efeitos comparáveis ao que a doutrina da contenção representou no direcionamento da política externa dos Estados Unidos durante a Guerra Fria. Na atualidade, talvez a "guerra ao terror" possa vir a representar um paradigma com tal força.

principais causas da reincidência do conflito mundial. Na visão desses autores, tal postura fora adotada devido à inaptidão da tradição política do país para tratar de assuntos internacionais. Tentando sanar essa deficiência, esses autores utilizam-se das categorias realismo e idealismo para inserir outros elementos na análise política, a fim de que não se repitam os malogros do passado.

Nas análises sobre a política externa após o fim da Guerra Fria, tal elemento não está presente; o segundo grupo de autores não utiliza as categorias realismo e idealismo da mesma maneira. Em vez de construírem os tipos realismo e idealismo em diálogo com a tradição liberal do país, tratam-nos como categorias fixas e bem definidas, nas quais podem ser classificados presidentes, governos e ações de política externa. As implicações de tal utilização serão exploradas no próximo capítulo.

Pelo exposto brevemente ao final do capítulo anterior e, principalmente, pela discussão que será feita a seguir, constata-se que os debates sobre a política externa dos Estados Unidos até as primeiras décadas do século XX nunca haviam se dado por meio das distinções entre realistas e idealistas. A utilização do termo e a caracterização de políticas como idealistas começa a ser feita durante o debate sobre a participação na Primeira Guerra Mundial e nas reações às políticas e atitudes do presidente Woodrow Wilson. A popularização do termo realismo só aconteceria décadas mais tarde, com o debate sobre a Segunda Guerra Mundial e sobre as políticas a serem seguidas durante a guerra e após o seu término; sempre em contraposição às ações tomadas duas décadas antes, fracassadas por terem levado a um novo conflito. A própria utilização do termo realismo nasce também das discussões da incipiente disciplina de Relações Internacionais nos Estados Unidos e em muito pela influência de uma série de autores europeus, vários deles alemães, que emigraram ao país fugindo da guerra no Velho Continente.

Nesse sentido, é necessário um esclarecimento quanto aos debates que serão abordados a seguir. Este é um trabalho de análise da política externa dos Estados Unidos e sobre em que medida se pode ir além de duas categorias analíticas utilizadas para interpretar tal política externa: realismo e idealismo. Todavia, o livro se insere no contexto mais amplo da disciplina de Relações Internacionais, na qual a discussão sobre realismo e idealismo se dá também no nível das perspectivas teóricas gerais da própria disciplina, e está em muito relacionada à sua criação. Essas duas temáticas, o debate teórico e o debate sobre política externa, desenvolveram-se no mesmo espaço temporal e físico, sendo, muitas vezes, tratadas pelos mesmos autores. Uma delimitação rígida dessas discussões, do que são textos sobre política externa e do que são textos sobre teoria, é, provavelmente, impossível de ser realizada. A formação da disciplina de Relações Internacionais nos Estados Unidos se deu por meio das discussões sobre política externa do país, da mesma maneira que o debate sobre política externa também foi influenciado por questionamentos teóricos da disciplina.

A criação da primeira cátedra de Relações Internacionais na Grã-Bretanha em 1919 é normalmente assumida como a data de fundação da disciplina – simbolicamente, essa primeira cadeira foi nomeada Woodrow Wilson. Os debates dos primeiros anos foram em muito voltados para a questão da manutenção da paz internacional, do desarmamento dos países e do funcionamento da Liga das Nações. Todavia, já no final dos anos 1930, algumas manifestações começam a questionar esse estado da arte da disciplina, tanto na academia quanto na política internacional.[2] As leituras mais difundidas da evolução da cadeira de Relações Internacionais apontam o período do entreguerras como o "primeiro grande debate" da disciplina, travado entre realistas e idealistas pela definição de qual paradigma dominaria a área. Apesar dessas duas correntes de pensamento existirem, o debate em si é considerado, por estudos mais recentes, apenas como um mito fundador. À época, as interpretações teóricas que mais circulavam eram próximas ao que se poderia chamar de idealistas ou liberais. Alguns autores realistas também esboçaram suas críticas a esse tipo de trabalho. Mas um debate propriamente dito, com o engajamento de autores e enfrentamento de perspectivas teóricas pelo controle da disciplina, nunca existiu da maneira como descrito por certos manuais de Relações Internacionais (Ashworth, 2002: 33-51; Wilson, 1998: 1-16).

Com o advento da Segunda Guerra Mundial e seu posterior desfecho, toda a nascente disciplina sofreu mudanças profundas. A partir de então,

---

[2] As ações japonesas na Manchúria, italianas na África e os primeiros movimentos da Alemanha nazista são sintomáticos nesse sentido. Na academia, têm-se a publicação, em 1939, do livro de E.H. Carr, como um forte contraponto às discussões da época. Vide Carr (2001).

seu desenvolvimento mais marcante se daria nos Estados Unidos, muito em função das condições sociais e econômicas do período. Vários autores europeus haviam emigrado para lá, fugindo da guerra na Europa e procurando melhores condições de trabalho. Por meio deles, a antiga escola do realismo continental europeu, que sem dúvida já possuía alguns conhecedores e adeptos nos Estados Unidos, começou a ter maior influência no país. O desenvolvimento da disciplina foi ainda mais marcante devido à nova posição em que o país se encontrava na política mundial: uma das duas superpotências do planeta. Assim, as decisões de política externa passaram a ter muita importância tanto interna quanto externamente, sendo objeto de mais estudos e discussões.

É nesse contexto, de cadeira em ascensão e de grande debate sobre os rumos da política externa, que os dois temas citados, o debate teórico e o debate sobre política externa, se desenvolvem conjuntamente. Os mesmos autores se dedicam aos dois assuntos, não sendo possível analisar um tema sem mencionar o outro. Hans Morgenthau e John Herz são dois exemplos de autores extremamente influentes tanto no debate teórico quanto no debate sobre política externa dos Estados Unidos.[3]

Grande parte da bibliografia posterior sobre o debate teórico entre realismo e idealismo utiliza simplificações e exageros, sem abordar com profundidade as questões levantadas por esses conceitos. Os autores da chamada "primeira geração" desse debate teórico identificam tanto no realismo quanto no idealismo tipificações extremas e puras que, além de não existirem na realidade, não devem ser buscadas como alternativas práticas por serem infrutíferas e até perigosas.[4] A maioria deles advoga um equilíbrio entre essas posições, o que na realidade dificilmente é encontrado. Com o tempo, a reprodução dessa bibliografia perdeu o caráter requintado da argumentação: realismo e idealismo foram tratados como categorias fixas e distintas, e utilizadas como critérios para a classificação de autores, teorias

[3] Sobre alguns de seus trabalhos no debate teórico, vide Morgenthau (1997) e Herz (1951).

[4] Os autores aqui referidos serão identificados e tratados a seguir. George Kennan, por exemplo, argumenta que uma abordagem legalista-moralista em assuntos de política externa só poderia levar o Estado a se comportar segundo uma doutrina da guerra justa e visando a aniquilação total dos inimigos, um padrão de comportamento temeroso na era nuclear. Vide Kennan (1951: 101).

e práticas. Parte da distorção sem dúvida foi gerada pela maneira como tais textos estavam expostos. Os autores que ficaram conhecidos como realistas concebiam sua argumentação caracterizando a política internacional do período como demasiadamente idealista. Ao fazê-lo, criticavam a prevalência idealista e argumentavam pela relevância do realismo nos assuntos internacionais. Não desmereciam o papel das ideias na política, mas frisavam a necessidade da inserção do elemento de poder na condução das políticas externas e na definição dos interesses nacionais. Uma leitura simplificada desse argumento levou-o facilmente a ser tachado de realista.

No debate sobre política externa dos Estados Unidos pode se identificar um fenômeno de proporções semelhantes. A utilização do termo idealismo começa a aparecer durante as discussões sobre a Primeira Guerra Mundial para caracterizar as ações do país comandadas por Woodrow Wilson. O termo tinha um caráter negativo, uma vez que seus propagadores argumentavam que Wilson baseava sua política externa em ideais abstratos e deixava de representar os verdadeiros interesses dos Estados Unidos. Quando o termo realismo começa a ser utilizado, décadas mais tarde, boa parte dos autores reivindica uma postura mais centrada nos interesses diretos do país, sem cometer exageros em prol de ideais universais. Todavia, esses mesmos autores reconhecem o papel das ideias como motivadoras dos ideais políticos humanos e como parte indispensável do cenário político dos Estados Unidos. Posições extremadas, de realistas puramente egoístas, racionais, materialistas e defensores supremos dos interesses nacionais, e de idealistas missionários, promovendo cruzadas internacionais e defendendo valores universais, são derivações de leituras secundárias, simplificadas e caricaturadas a partir da discussão original. É a esse tipo de categoria analítica distorcida que este livro dirige suas principais críticas.

Quanto ao debate original, que busca um meio-termo nos rumos da política externa, este texto também tem um elemento crucial a oferecer. O que ambas as abordagens não comportam é exatamente o fator interveniente que permite à política externa dos Estados Unidos ser realista e idealista ao mesmo tempo. É o fator que relaciona as duas posições e, ao mesmo tempo, as faz perderem o sentido no contexto dessa política externa. Ao final do livro, tentar-se-á mostrar que a presença da tradição política liberal dos Estados Unidos tem uma influência tal na política externa que, ao mesmo tempo em que a permite ser realista e idealista, torna essas categorias quase irrelevantes para sua análise. Todavia, para percorrer tal discussão, há de se fazer referência antes à sua origem no período imediatamente posterior à Segunda Guerra Mundial.

Antecedentes

Ao longo deste trabalho, referências pontuais apontam para o início da década de 1950 como o período do surgimento das categorias realista e idealista para a análise da política externa dos Estados Unidos. Surgimento que não foi instantâneo: deu-se a partir de um processo de reflexões e análises ao longo do período compreendido entre a Primeira e a Segunda Guerra Mundial, que culminaria, finalmente, no estabelecimento dessas categorias no período imediatamente posterior à Segunda Guerra. Não se está aqui negligenciando esse debate anterior, e por vezes serão citadas suas referências. A indicação da década de 1950 como o período do surgimento dessa dicotomia é feita por alguns motivos práticos: é esse o momento em que tal divisão e nomenclatura passam a ser amplamente adotadas e, principalmente, quando as mais importantes obras de análise de política externa utilizando tais conceitos são publicadas.

Essas reflexões sobre política externa não foram inauguradas apenas no período das guerras mundiais. As discussões do pós-guerra foram precedidas por uma série de debates que ajudam a esclarecer os contornos dados à distinção entre realistas e idealistas. Dessa maneira, uma breve elucidação dos antecedentes do período analisado se faz necessária para uma melhor compreensão de suas categorias. Assim, serão expostas em sequência algumas das principais questões da política externa dos Estados Unidos desde a independência até os anos anteriores à Primeira Guerra Mundial, para, em seguida, tratar-se diretamente dos autores que fazem parte da discussão entre realismo e idealismo – motivada pelas políticas seguidas na Primeira Guerra Mundial –, até a consolidação dessas categorias no início da década de 1950.

Vale ressaltar a diferença no caráter analítico das duas exposições feitas a seguir. Ao tratar das discussões anteriores à Primeira Guerra Mundial, a exposição está baseada majoritariamente em fontes secundárias e em interpretações razoavelmente consensuais da história da política externa dos Estados Unidos. Todas as referências necessárias estão claramente citadas. O objetivo dessa exposição é demonstrar as discussões existentes sobre a política externa do país desde sua independência e a inexistência da suposta distinção entre realistas e idealistas. A intenção não é analisar ou problematizar tal período. No segundo momento, ao tratar dos debates desencadeados pelas políticas da Primeira Guerra Mundial, culminando nas discussões do início da década de 1950, o objetivo do texto é compreender e analisar o rumo tomado por essas reflexões. Os próprios textos analisados são as fontes primárias desse debate e serão tratados como tais.

Grandes questões da política externa

A primeira grande questão internacional nos Estados Unidos foi sem dúvida a própria independência do país. A opção pelo rompimento de laços com a Inglaterra não foi consensual, ao menos de início. A independência foi fruto da revolta dos colonos contra uma série de medidas inglesas, sendo as mais relevantes dessas revoltas as que se voltaram contra as tarifas impostas pela coroa britânica. Os homens que viriam a ser considerados os Pais Fundadores tiveram um trabalho árduo reunidos no Congresso da Filadélfia, conciliando os interesses e as reclamações de todas as 13 colônias, até que a Declaração de Independência pudesse ser concebida.

Mesmo com a independência, a influência do plano internacional não cessou sobre a sociedade dos Estados Unidos. Pelo contrário, foi muito intensa: um dos fatores definidores da divisão entre partidos após a independência – o chamado primeiro sistema partidário do país – foi o posicionamento político a respeito da Revolução Francesa. Esse primeiro sistema partidário era dividido entre Republicanos Democratas de um lado e Federalistas de outro. Os simpatizantes da posição democrata eram, em sua maioria, habitantes do sul e de áreas rurais e tinham em Thomas Jefferson e James Madison suas principais figuras guias. Já os afiliados à causa federalista eram, em grande parte, comerciantes que viviam nos territórios da Nova Inglaterra, tendo Alexander Hamilton e John Jay como seus líderes. Republicanos Democratas apoiaram a causa francesa, principalmente no período inicial da Revolução, entre 1789 e 1791, quando parecia que o antigo regime seria realmente destronado e os valores iluministas propagados por todo o mundo. Além disso, um dos motivos para se apoiar a Revolução era o forte rancor nutrido para com os ingleses desde a época da Independência. Por outro lado, os federalistas se opunham à Revolução e favoreciam a posição inglesa: para eles, o fato de opor-se à Inglaterra – e a sua Marinha, principalmente – poderia significar a ruína da nascente república nos Estados Unidos. Outro fator que apoiava essa posição conservadora era o temor do que a Revolução Francesa e seus ideais pudessem significar internacionalmente (McDougall, 1998: 29).

Todavia, nenhum dos lados defendia a intervenção no conflito: a neutralidade dos Estados Unidos era consensual tanto para o partido Republicano Democrata quanto para o partido Federalista. O que esse debate trazia à tona eram as implicações domésticas desses posicionamentos externos, em uma contraposição entre o popular e o aristocrático. Ao apoiarem os ingleses, os federalistas eram associados com um modelo de sociedade mais conservador e hierárquico e acusados de quererem refletir esse modelo na organização da sociedade nos Estados Unidos. Os democratas, da mesma maneira, ao apoiarem a Revolução e seus ideais, eram tidos como promotores de uma sociedade de democracia extremada dentro dos Estados Unidos (idem: 30).

A influência do internacional sobre o cenário político interno continuou presente com a passagem da Revolução Francesa e a ascensão de Bonaparte. Por ocasião das Guerras Napoleônicas, surge um novo debate sobre a participação ou não do país nos assuntos europeus. Jefferson, então presidente, novamente optou pela neutralidade. Viria ele ainda a enfrentar outra grande questão internacional: a defesa da liberdade dos mares. Por conta da guerra na Europa, a Inglaterra se deu o direito de interceptar embarcações que se destinassem à França ou aos países envolvidos, mesmo aquelas sob bandeira de nações neutras como os Estados Unidos. Após diversas tentativas diplomáticas, Inglaterra e Estados Unidos entraram em guerra em 1812, conflito chamado por alguns de a Segunda Guerra de Independência.[5]

Os debates acerca da Doutrina Monroe, que viria a ser proclamada em 1823, representam mais uma grande manifestação da influência do pla-

[5] A guerra terminaria em 1814 com a assinatura de um tratado de paz que restaurava o *status quo* anterior, sem indenizações ou anexações entre as partes. Vide McDougall (1998: 33-36).

no internacional no cenário político dos Estados Unidos.[6] Mesmo amplamente engajados em questões internacionais desde sua independência, a grande maioria das análises considera que os Estados Unidos despertaram como potência para o sistema internacional apenas no fim do século XIX. Duas são as referências básicas para tal ascensão: a política de portas abertas em relação ao comércio com a China (1898-1899) e a Guerra Hispano-Americana (1898). Este último evento talvez represente o debate doméstico mais acirrado sobre política externa do período anterior à Primeira Guerra Mundial.

Desde sua independência, os Estados Unidos caracterizaram-se por ser um país em expansão constante e de consolidação dos territórios adquiridos. O que Turner traduziu na tese da fronteira pode ser visto historicamente nos movimentos de aquisição de novos territórios: a expansão pelo vale do Mississípi, logo nas décadas posteriores à independência, a compra da Louisiana em 1803 e posteriormente a compra da Flórida, e as anexações do Texas, da Califórnia e de todo o território do Grande Oregon, todas no decorrer dos anos de 1840 e em grande medida devido à guerra contra o México (Dunne, 1998: 171). Apesar desses processos terem ocorrido separadamente, todos fizeram parte da grande consolidação do país – juntamente com outros como a delimitação da fronteira norte com o Canadá, a compra do Alasca do Império russo ou a posterior anexação do Havaí. Quando deflagrada a Guerra Hispano-Americana, toda essa herança da expansão continental do país veio a fundir-se com o debate sobre política externa.

A referência à Guerra Hispano-Americana compreende uma série de eventos: o acirramento da revolta cubana pela independência; as dificuldades do decadente Império Espanhol em manter suas colônias na América; as tentativas de mediação dos Estados Unidos; as campanhas de jornalistas influentes como Hearst e Pulitzer a favor da intervenção – bem como de figuras políticas proeminentes como Theodore Roosevelt, o senador Henry Cabot Lodge e o almirante Alfred Mahan; o naufrágio do navio Maine; a decisão relutante do presidente McKinley de ir à guerra; a vitória decisiva sobre os espanhóis e, como resultado, uma série de conquistas de diferentes

[6] Vide discussão no capítulo 1, em "A abrangência da tradição", p. 42.

tipos no Caribe e no Pacífico. Sem entrar nas especificidades de cada caso – Cuba, Porto Rico, Guam, Filipinas e outros –, a atuação internacional dos Estados Unidos despertou uma série de questionamentos internos sobre a política perseguida pelo país.

O debate na época não se deu por qualquer categoria próxima a realistas e idealistas, e sim pela polarização entre imperialistas e anti-imperialistas (Osgood, 1974: capítulo III). Os imperialistas defendiam que a expansão continental do território dos Estados Unidos deveria ser perpetuada por conquistas ultramarinas. Apoiavam totalmente a participação na guerra e a anexação de territórios. Já os anti-imperialistas eram contrários à intervenção e ao recurso ao conflito armado; para eles, o país não deveria atuar em disputas que não o afetassem diretamente. Mais ainda, mesmo intervindo na guerra após o naufrágio do Maine, não deveria buscar conquistas ou anexações de territórios, por serem de áreas que nada tinham a ver com a formação social e cultural do país, e por essa tendência a aquisições territoriais estrangeiras estabelecer uma completa ruptura com as tradições de política externa. Os dois grupos formularam suas posições fazendo referência a heranças de épocas passadas e inflamados pelo calor da guerra.

> Na visão imperialista, o autointeresse da nação reside em uma afirmação positiva do poder nacional em acordo com o Destino Manifesto da dominação mundial [...] Os anti-imperialistas, por sua vez, conceberam o interesse nacional como a preservação do *status quo* de acordo com a sabedoria dos Pais Fundadores, uma concepção que era consonante com uma disposição mais pacífica, uma exaltação da razão e do amor e uma aversão à violência (Osgood, 1974: 54).

As posturas de imperialistas e anti-imperialistas refletiam, na verdade, duas posturas diferentes frente à posição internacional dos Estados Unidos. Para o primeiro grupo, as condições do sistema internacional haviam mudado de tal maneira que o país deveria abandonar a tradição da política externa até então perseguida. Para o segundo grupo, mesmo reconhecendo a expansão dos interesses econômicos e políticos dos Estados Unidos, o discurso de despedida de Washington e a Doutrina Monroe ainda continuavam sendo as bases fundamentais da política externa do país. Apontavam ambos para o mesmo *status* internacional dos Estados Unidos: os imperialistas achavam que a Guerra Hispano-Americana fora o marco da emergência da nação como potência no cenário internacional, enquanto os anti-imperialistas consideravam que o país já era uma potência havia mais de um século e deveria continuar se comportando como tal (Dunne, 2000: 28).

Esse debate suscita uma outra questão fundamental quanto à política externa dos Estados Unidos. É comum encontrar referências às posições imperialistas durante o debate sobre a Guerra Hispano-Americana como defensoras de uma ruptura com a tradição de isolamento da política externa do país, enquanto associa-se a posição anti-imperialista, por ser pacifista e defender a não intervenção, como partidária do isolamento. Essas duas vinculações são, todavia, equivocadas e fruto de um engano comum: a troca indevida da tradição do unilateralismo e do excepcionalismo pela condição do isolamento (Dunne, 1998: 172; McDougall, 1998: 40-42). Como apresentado anteriormente, a tradição da política externa dos Estados Unidos é pautada no caráter excepcional que a nação acredita possuir e, em virtude disso, defende a opção unilateral como forma de ação internacional. Uma das justificativas para tal excepcionalidade e busca de autonomia é o fato de o país encontrar-se isolado geograficamente e, por isso, não precisar envolver-se diretamente com as disputas europeias. Essa característica geográfica fora utilizada mesmo pelos Pais Fundadores como argumento para justificar opções de política externa. Entretanto, nunca fora defendido o isolamento dos Estados Unidos das questões mundiais. O isolamento geográfico é uma característica dada e usada instrumentalmente nos primeiros séculos de independência da nação, mas a real tradição da política externa, baseada na excepcionalidade do país, é a busca por autonomia nos assuntos internacionais e não o afastamento em relação a eles.

Os Estados Unidos nunca se isolaram dos assuntos internacionais desde o período de sua independência. Mesmo no caso da Guerra Hispano-Americana, os anti-imperialistas reconheciam os interesses comerciais e políticos do país que necessitavam de atuação internacional. Ocorre que, com a evolução dos debates sobre política externa, o desaparecimento do movimento anti-imperialista no começo do século XX, o surgimento do movimento pacifista nessa lacuna deixada e, principalmente, com a presidência de Woodrow Wilson, o termo "isolacionista" começa a ganhar força e presença nas discussões sobre política externa e, sobretudo, um caráter pejorativo. Mas para prosseguir em tal debate é necessário compreender as políticas de Wilson, suas interpretações e a participação dos Estados Unidos na Primeira Guerra Mundial e em seu desfecho.

Apresentando o debate

A partir dos debates, análises e reflexões sobre a participação dos Estados Unidos na Primeira Guerra Mundial, uma nova distinção foi criada para tratar a política externa do país: a divisão entre realistas e idealistas. Como citado anteriormente, tais categorias começam a aparecer durante a presidência de Wilson e no período entreguerras e se consolidam realmente no início da década de 1950. Dois fatos devem ser novamente ressaltados: (1) tais categorias já existiam e dialogavam em outras áreas da ciência política e das Relações Internacionais e (2) a discussão sobre a política externa dos Estados Unidos nunca havia se dado nessas bases até a presidência de Woodrow Wilson. Arnold Wolfers explicita bem esses dois pontos:

> Como uma batalha de mentes, travada em geral fora da arena política, a disputa entre as duas escolas foi de grande preocupação para filósofos e moralistas; mas não antes de Woodrow Wilson estabelecer-se para transformar utopia em realidade, ela tornou-se uma questão política de primeira magnitude (2001: 304).

O caráter diferenciado das políticas de Wilson realmente foi um divisor de águas na política externa dos Estados Unidos.[7] A ênfase do presidente nos valores morais que pautavam a atuação do país nunca fora vista antes. As expressões famosas de que a guerra seria travada para criar um mundo seguro para as democracias, de que a paz almejada era uma paz sem vitória ou de que os Estados Unidos entravam no conflito sem nenhum interesse direto refletem em parte a visão de Wilson sobre o contexto internacional à época e sobre qual seria o melhor caminho a ser tomado pelo país e pelo mundo. Essa mesma concepção é demonstrada em seus 14 Pontos: o estabelecimento de uma nova ordem sem culpados pela guerra,

[7] As especificidades das políticas de Wilson e da participação dos Estados Unidos na Primeira Guerra Mundial e em seu desfecho serão tratadas a seguir.

por meio do princípio de autodeterminação dos povos, organizada através da livre navegação dos mares e do livre comércio e mantida por uma organização universal de nações (U.S. National Archives & Records Administration, 2004).

O fato mais marcante das propostas de Wilson foi sua falha. Na concepção do Tratado de Versalhes e da Liga das Nações, o presidente não conseguiu fazer valer seus princípios frente à velha tradição europeia. Georges Clemenceau, primeiro-ministro francês na Conferência de Paz de Paris, expressou bem a postura europeia:

> Eu estava dizendo que havia esse antigo método de fronteiras sólidas e bem-definidas, armamentos e aquilo que é chamado de balança de poder [...]. Esse sistema hoje parece estar condenado pelas mais altas autoridades. Ainda assim, eu diria que se esse equilíbrio [...] tivesse existido antes [...] a guerra não teria ocorrido [...]. Então havia esse antigo sistema de alianças, que eu não sou a favor de abandonar – eu posso dizer-lhes isso abertamente [...].[8]

Tampouco Wilson conseguiu obter vitórias internamente. O Senado dos Estados Unidos deixou de ratificar a Carta da Liga das Nações e, assim, o país ficou à margem da instituição que o próprio Wilson imaginara. À época, a opinião pública era favorável à adesão do país e a matéria tramitou pelo Senado em duas ocasiões. Em linhas gerais, três grupos eram identificáveis: senadores republicanos a favor da Liga com ressalvas, senadores democratas a favor da Liga em sua totalidade e o chamado grupo dos irreconciliáveis, opositores absolutos à organização. O total de senadores favoráveis à Liga era da ordem de 85% do Senado, mas republicanos e democratas não conseguiram chegar a um acordo sobre as ressalvas à Carta. Essa falta de acordo é, em muito, atribuída à intransigência de Wilson sobre as disposições do artigo 10 da Carta. Logicamente, os republicanos que pediam ressalvas não votaram a favor da Liga em sua totalidade, e os democratas, a pedido de Wilson, votaram contra a aprovação com ressalvas. Ao fim e ao cabo, as duas propostas foram derrotadas. Mesmo assim, a Carta com ressalvas esteve a apenas sete votos de conseguir a maioria de dois ter-

[8] Georges Clemenceau, em discurso à Câmara dos Deputados da França, citado em Ikenberry (2001: 133).

ços necessários a sua aprovação – em uma votação com 49 votos a favor e 35 contra, dos quais 23 eram democratas a favor da Liga em sua totalidade.[9]

Nem a opinião pública nem a maioria dos senadores eram a favor do isolamento dos Estados Unidos do cenário internacional após a Primeira Guerra Mundial. No entanto, a maneira pela qual foi conduzida a relação entre o presidente e o Senado levou à não ratificação da Liga das Nações. Wilson tratou a questão da Liga com o mesmo idealismo que justificara a participação do país na guerra. Não aceitaria ressalvas ao seu ideal absoluto da Liga. Sua intenção era levar a questão ao povo na eleição que se aproximava, mas sua doença acabou condenando-o ao fracasso. A partir daí, os Estados Unidos adotaram uma série de políticas, afastando-se do cenário internacional em um processo que culminaria no fracasso da Liga das Nações e na eclosão da Segunda Guerra Mundial.

Assim, a partir do período entreguerras, começou a surgir uma série de autores e análises que questionariam o papel dos Estados Unidos no sistema internacional e a maneira pela qual o país conduz sua política externa. A preocupação desse conjunto de autores é clara: impedir que o país novamente se afaste do cenário internacional e adote as mesmas políticas errôneas que permitiram a repetição do conflito mundial. É dessa maneira que aparece a primeira geração de autores que se utilizarão das categorias realista e idealista para analisar a política externa dos Estados Unidos: preocupados com o papel desempenhado pelo país na manutenção da estabilidade mundial e identificando nas políticas de Wilson as causas dessa atuação malsucedida.

Alguns desses autores já se encontravam no meio político dos Estados Unidos mesmo antes da Primeira Guerra Mundial; outros começaram as carreiras no período entreguerras, assistindo a mudanças abruptas tanto dentro do país quanto na Europa; outros ainda – e uma boa parte deles – eram estrangeiros que emigraram para os Estados Unidos fugindo das perseguições e da guerra que se anunciava no Velho Continente. Os nomes de Walter Lippmann, Hans Morgenthau e George Kennan são sempre os mais citados quanto ao desenvolvimento de um paradigma realista nos Estados Unidos, mas a eles somam-se outros tantos como John Herz, Arnold Wol-

[9] Vide McDougall (1998: 140-146) e Osgood (1974: 291-295).

fers e Robert Osgood, por exemplo. É a esse conjunto de autores e a suas reflexões que se fará referência quando a expressão "primeira geração" for utilizada neste trabalho: foram os pioneiros a adotar as categorias realismo e idealismo no tratamento da política externa dos Estados Unidos.

Por vezes, as premissas realistas defendidas por esses autores já estavam presentes no país em períodos anteriores, mesmo que nem sempre muito prestigiadas. Entre seus defensores e praticantes, o almirante Alfred Mahan, o senador Henry Cabot Lodge e o presidente Theodore Roosevelt são os mais conhecidos. Mesmo aplicando políticas de cunho realista desde o final do século XIX, essa tradição de pensamento nunca havia demonstrado grande força no meio político dos Estados Unidos. Uma quarta personalidade que poderia figurar tanto entre os três nomes citados acima quanto entre os autores realistas dessa primeira geração, é o teólogo Reinhold Niebuhr. A obra de Niebuhr é extensa e foi muito difundida nos Estados Unidos no começo do século XX.[10] Suas advertências sobre a não confiabilidade na razão e na ciência devido à corrupção egoísta presente em todos os homens iriam ecoar nas obras de Morgenthau, Kennan e outros autores dessa geração. Kennan chamou Niebuhr certa vez de *father of us all* (Lafeber, 1997: 63). Pelo fato de a obra de Niebuhr ser uma leitura crítica da sociedade e da política dos Estados Unidos como um todo, optou-se por não abordá-la diretamente na análise aqui desenvolvida quanto às reflexões sobre política externa no pós-Segunda Guerra.

Se já existiam antecedentes desse pensamento realista nos Estados Unidos, o que realmente diferencia o impacto das proposições dos autores dessa primeira geração é o momento no qual elas são propostas. O comentário de Kennan a respeito de seu longo telegrama pode ser estendido de maneira geral a todo o debate entre realismo, idealismo e política externa.

> Segundo Kennan a entusiástica acolhida reservada à comunicação se deveria, sobretudo, à sua oportunidade. Seis meses antes seria lida como ceticismo; seis meses depois, soaria redundante. Muito de seu sucesso seria porque vinha no momento certo (Azeredo, 2000: 114).

---

[10] Entre seus muitos livros e artigos, um dos mais influentes nas questões de política internacional foi *Moral Man and Immoral Society: A Study in Ethics and Politics* (1932). Para conhecer mais sobre a extensão e influência da obra de Niebuhr, vide Lafeber (1997: 46-48) e Brands (1998: capítulo 7).

O contexto político internacional do pós-Segunda Guerra abriu a chance de se discutir a política externa dos Estados Unidos através de outros referenciais. Durante o final do século XIX, ou mesmo após a Primeira Guerra Mundial, o impacto da política internacional nos Estados Unidos não fora suficientemente profundo para desencadear uma reavaliação dos princípios norteadores de sua política externa. O fracasso do entreguerras, a brutalidade da Segunda Guerra Mundial, a descomunal condição de poder da qual o país emergira ao final da guerra e a ameaça de um poder rival despontando ao leste acabaram por produzir o espaço necessário para a discussão dos princípios e valores da inserção internacional do país com uma abrangência muito maior do que em períodos anteriores. Assim, Lippmann, Kennan, Morgenthau e outros tentam, de diversas formas, introduzir na maneira de se pensar política externa elementos de uma tradição política estranha aos Estados Unidos.

A preocupação com o papel a ser desempenhado pelo país no cenário internacional é tanta nesse momento que manifestações são provenientes das mais diversas áreas. Entre esse grupo de autores encontram-se jornalistas, diplomatas, acadêmicos, emigrantes alemães, judeus, protestantes, e outros que partilham do mesmo objetivo: fundamentar a participação dos Estados Unidos no sistema internacional, de modo a garantir a paz e a estabilidade e impedir os equívocos do pós-Primeira Guerra. Essa ideia do fracasso das políticas do entreguerras está presente em quase toda a bibliografia da época e será analisada a seguir.

A leitura majoritária da Primeira Guerra Mundial

Em uma frase curta, a participação dos Estados Unidos na Primeira Guerra Mundial é comumente definida da seguinte maneira: o país tomou a decisão correta em participar da guerra ao lado dos aliados, mas o fez pelos motivos errados ou ao menos sem saber ao certo por quais motivos.

Um dos principais propagadores dessa interpretação, se não seu principal, foi o jornalista Walter Lippmann. Ele é figura simbólica no debate sobre política externa não só por ter participado das discussões, tanto na Primeira quanto na Segunda Guerra Mundial, mas também por ser uma personalidade famosa, fato que lhe dava uma ampla capacidade de difusão de suas ideias. Lippmann foi um dos fundadores e, por muito tempo, um dos editores mais influentes da *The New Republic*.[11] A revista alcançou seu ápice de circulação nos anos da Primeira Guerra Mundial, período no qual Lippmann conseguiu difundir suas ideias e ganhar prestígio por meio de uma série de artigos. Muito engajado na política internacional, chegou mesmo a fazer parte de um grupo de assessores do presidente Wilson e tomou parte na formulação da política externa do período.

> Walter Lippmann, subsequentemente, teve influência decisiva na formulação dos Quatorze Pontos. [...] Lippmann foi responsável por grande parte das ideias abstratas que formaram a base dos objetivos de guerra de Wilson e que acharam seu caminho em inúmeros discursos públicos de Wilson. Mas Lippmann e os editores da *The New Republic* não basearam sua causa pela participação americana na guerra somente nos objetos sublimes de Wilson. Em suas mentes, a intervenção também era um ditame prático do interesse nacional, justificada nas bases de interesses estratégicos duradouros (Osgood, 1974: 275).

De um modo geral, Lippmann e a *The New Republic* apoiaram a participação dos Estados Unidos na guerra e nas iniciativas tomadas pelo presidente Wilson. Todavia, a necessidade da presença do país no conflito, para eles, não era atribuída a "fazer um mundo seguro para as democracias", como declarava o presidente. Apesar do grande apreço pelos valores liberais defendidos e promovidos por Wilson, Lippmann enxergava na guerra uma realidade geopolítica que tornava imprescindível a participação dos Estados Unidos contra as potências agressoras, especificamente contra a Alemanha. Assim, apesar de apoiar o esforço de guerra e as ações do presidente, tanto o periódico, à época, quanto Lippmann, posteriormente publicando livros de autoria própria, mostraram-se extremamente céticos sobre as negociações de paz e o Tratado de Versalhes. Ficava claro ali que o país, apesar de ter se engajado corretamente no conflito mundial, não conseguira projetar seus objetivos e interesses de maneira adequada na esfera in-

---

[11] A primeira edição da *The New Republic* foi publicada em 7 de novembro de 1914. À época, a revista seguia uma linha editorial progressista, refletindo as preocupações trazidas com o período de forte industrialização nos EUA no fim do século XIX. O periódico é considerado um dos veículos responsáveis pela difusão de ideias que mudaram o rumo do liberalismo nos EUA para uma linha de maior intervenção do governo na sociedade. Na agenda externa, a revista foi a principal defensora da entrada dos EUA na Primeira Guerra Mundial e de sua atuação como potência no cenário internacional.

ternacional. Duras críticas foram tecidas ao liberalismo extremo do presidente nas negociações do Tratado e durante seu processo de ratificação no Senado dos Estados Unidos.

Décadas mais tarde, Lippmann viu seu país novamente tragado pelo flagelo da guerra mundial: a influência da Primeira Guerra se fez sentir por todo o debate sobre política externa. As intenções eram claras: não repetir os mesmos erros de anos anteriores, que culminaram no desencadeamento de um novo conflito. A interpretação da participação dos Estados Unidos na Primeira Guerra Mundial citada no início desta seção se enquadra exatamente nesse contexto.

Assim, em obra de 1943, Lippmann expõe quais seriam as bases para uma inserção internacional coerente dos Estados Unidos tendo em vista, principalmente, o desenrolar dos eventos da Primeira Guerra e a maneira pela qual o presidente Wilson conduzira a nação. Importante notar o momento histórico de publicação desse texto: fazia pouco mais de um ano que os Estados Unidos participavam da Segunda Guerra Mundial e os debates sobre seu desfecho e sobre as políticas a serem seguidas se multiplicavam.

A interpretação de Lippmann sobre as bases de qualquer tipo de política externa é clara: a busca pelo equilíbrio entre os compromissos externos do país e o poder para implementá-los (1943: 9). Por compromissos, o autor se referia a obrigações que o país pudesse contrair no cenário internacional, fossem elas provenientes de suas próprias ações, interesses, tratados assinados ou outros. A característica peculiar a essas obrigações internacionais seria que, para seu cumprimento, o país poderia ter de recorrer em última instância ao uso da violência. É nesse sentido que Lippmann argumenta pela busca de um equilíbrio entre compromissos e poder: para uma política externa bem fundamentada, os Estados deveriam ter poder suficiente para fazer valer seus compromissos externos e, se necessário, recorrer à força. O princípio fundamental de uma política externa, na definição de Lippmann, seria uma adequação de meios e fins.

Dessa maneira, dois pontos centrais se estabelecem no pensamento dele: definir os compromissos externos essenciais aos Estados Unidos e garantir que o país dispusesse de meios suficientes para cumpri-los. Em relação às obrigações, uma política externa coerente deveria se preocupar com aquelas que representassem as necessidades vitais ao país.[12] O autor se refere à existência física dos Estados Unidos e à sua segurança, analisando brevemente as implicações de sua expansão durante o século XIX e da manutenção de seus limites continentais para a política externa. Tal obrigação internacional fora expandida em 1823, com a proclamação da Doutrina Monroe: o compromisso de não permitir a volta de qualquer potência europeia ao continente americano era de suma importância para a tranquilidade interna do país. Por fim, a Guerra Hispano-Americana teria acrescentado um novo elemento às obrigações dessa política externa: a manutenção de uma posição no Oceano Pacífico. A conquista das Filipinas ao final da guerra colocara os Estados Unidos diante de um novo contexto geopolítico, no qual as relações com a China e o Japão passariam a ganhar uma importância crescente.[13] Assim, demonstra o autor, as bases da inserção internacional dos Estados Unidos, de sua relevância para a segurança interna e, principalmente, de seu escopo global, não foram dadas com a Primeira Guerra Mundial ou com a Segunda – ou ainda com o que viria a ser a Guerra Fria. A abrangência global das preocupações da política externa dos Estados Unidos foi determinada em fevereiro de 1899, com a anexação das Filipinas e a exposição simultânea do país a dois contextos geopolíticos distintos: o Pacífico, no qual teria de lidar com as potências asiáticas, e o Atlântico, no qual, a fim de garantir sua supremacia hemisférica, teria de lidar com as potências europeias.

Lippmann, no entanto, é muito crítico quanto ao entendimento da posição internacional dos Estados Unidos. O autor acredita que se criou uma ilusão quanto às verdadeiras características da política externa do país, em muito devido a um certo clima de tranquilidade no período que se estende da guerra de 1812 até o início da Guerra Hispano-Americana. Diversos fatores inter-relacionados teriam contribuído para a existência dessa ilusão, entre eles a posição geográfica de isolamento hemisférico dos Estados Unidos, que propiciava um sentimento de invulnerabilidade. Mas, para Li-

[12] Vide Lippmann (1943: capítulo III) para toda a discussão sobre os compromissos externos dos Estados Unidos.

[13] Lippmann ressalta que John Hay, Secretário de Estado à época, iniciaria sua política de portas abertas na China apenas alguns meses depois de o Senado aprovar a anexação das Filipinas por uma margem de um voto. Vide Lippmann (1943: 25).

ppmann, o maior erro encontrava-se na interpretação da Doutrina Monroe. As leituras desse período caracterizavam-na como uma afirmação do isolamento do país, de sua preponderância no continente americano, de repúdio às políticas de poder e a alianças com potências imperialistas europeias. Esse tipo de interpretação era errôneo segundo o autor: a doutrina seria fruto da consciência da posição estratégica dos Estados Unidos no mundo, não de seu isolamento; da compreensão da política de poder, e daí a preocupação com o não estabelecimento de outras potências no continente; produto de uma aliança velada com a Inglaterra e não do repúdio a quaisquer pactos com outras nações. Lippmann argumenta ainda que essa má interpretação da Doutrina Monroe, esse quase um século de ausência do pensamento sobre política externa, e a ideia de que os Estados Unidos poderiam agir sozinhos, sem importar-se com coligações de forças e alianças, levaram o país a comprometer-se com uma posição no Pacífico após a Guerra Hispano-Americana que não lhe seria totalmente favorável.

Além dos problemas com os compromissos externos do país, Lippmann demonstra outro problema quanto ao segundo pilar de uma política externa coerente: os meios para cumprir seus compromissos. Nas palavras do autor:

> Os meios básicos pelos quais toda política externa deve ser conduzida são as forças armadas da nação, a organização de sua posição estratégica e a escolha de suas alianças. Na ideologia americana atual, esses aspectos acabaram sendo considerados como militaristas, imperialistas, reacionários e arcaicos; a preocupação adequada do homem sensato passou a ser paz, desarmamento e uma escolha entre não intervenção e segurança coletiva (1943: 47).

Além da confusão sobre os compromissos essenciais aos Estados Unidos, Lippmann aponta uma distorção sobre os meios pelos quais esses compromissos seriam perseguidos. O argumento é lógico: se o poder para a implementação da política externa reside em última instância na capacidade de utilização da força, os métodos utilizados para isso têm de lhe ser correspondentes. Dessa maneira, o meio para uma política externa bem-sucedida seria uma combinação do emprego da força militar do país, de alianças e de posicionamentos estratégicos. Todavia, esse tipo de pensamento era ideologicamente combatido nos Estados Unidos. A mesma ilusão criada durante o século XIX e a pouca reflexão sobre política externa levaram ao repúdio dessas ideias. Pensar estrategicamente era perigoso; a prática política correta e aceita era dada por uma moral elevada, defendendo o pacifismo, o desarmamento, a não intervenção e combatendo o tipo de política violenta e imperialista praticado pelas potências do Velho Continente.

Nesse sentido, o presidente Wilson seria a expressão máxima dessa ilusão e da inexistência de uma política externa coerente nos Estados Unidos. Lippmann chega mesmo a indicar o início de uma política externa bem fundamentada na presidência de Theodore Roosevelt, por meio de um posicionamento mais ativo do país no cenário internacional e do fortalecimento das forças armadas. No entanto, Roosevelt não consegue expressar suas políticas de forma coerente a deixar um legado a seus sucessores. As presidências seguintes de William Taft e Woodrow Wilson trilhariam outros rumos. Assim, quando defrontados com seu grande desafio internacional, os Estados Unidos sob a presidência de Wilson encontravam-se despreparados tanto material quanto intelectualmente. No primeiro momento, a decisão do presidente fora não intervir. Wilson tentou por diversas vezes encerrar a guerra pela negociação, querendo que os Estados Unidos servissem de mediadores entre as partes. Todavia, com o prolongamento do conflito, a neutralidade tornou-se insustentável. Muitos fatores pressionaram a participação do país na guerra: a preocupação com uma Europa sob o domínio imperial alemão, e sua possível expansão pelo Atlântico; os empréstimos feitos aos Aliados, que geraram grupos de pressão internos para que esses pagamentos pudessem ser recebidos; um maior apreço e afinidade cultural pela causa dos Aliados; entre outros.

Quando finalmente os Estados Unidos decidem entrar no conflito, a argumentação utilizada para justificar sua participação é de cunho legalista e moralista. Retoricamente, o país vai à guerra em resposta à prática alemã de guerra submarina irrestrita, desrespeitando o direito dos mares e atacando inclusive embarcações de países neutros como os Estados Unidos. Assim, garantir o cumprimento do Direito Internacional e a livre utilização dos mares era uma das causas da intervenção dos Estados Unidos.[14] Mas, para

---

[14] Apesar da neutralidade declarada, embarcações dos Estados Unidos auxiliavam o esforço de guerra das potências aliadas. Além disso, a Alemanha já desrespeitara normas de Direito Internacional anteriormente sem que isso resultasse na entrada dos Estados Unidos na guerra.

além disso, a guerra foi concebida como uma cruzada. Wilson leva o país à guerra não em busca de interesses materiais, mas por uma causa maior, pela causa da democracia, pela causa da humanidade. Na construção do presidente, o conflito era "a guerra para acabar com todas as guerras", uma luta para "fazer um mundo seguro para as democracias". Essa interpretação é apresentada por Wilson diversas vezes e torna-se o princípio da participação do país na guerra, tão bem exposto em seus discursos ao Congresso sobre "A Paz sem Vitória" e "Os 14 Pontos". O que Wilson tinha como base de todo seu pensamento e atuação internacional é o que Lippmann aponta como a sua maior falha na condução da política externa do país. O erro do presidente teria sido pautar os compromissos dos Estados Unidos apenas em valores éticos e morais, sem nenhuma concepção estratégica ou geopolítica.

> Ao levar a nação para a guerra, ele teria falhado em apresentar os motivos convincentes e duradouros para essa decisão crucial. As razões por ele dadas foram de caráter legalista, moralista e idealista, em vez da razão substantiva e vital de que a segurança dos Estados Unidos demandara que a nenhuma potência imperial agressivamente expansionista, como a Alemanha, fosse permitido alcançar o domínio do Oceano Atlântico.
> Porque esse simples e autoevidente interesse americano não foi abertamente exposto, a nação nunca entendeu de maneira clara por que tinha entrado na guerra (Lippmann, 1943: 37).

Esse é o descontentamento maior de Lippmann quanto a políticas de Wilson. Essa é a razão para o entendimento de: "fomos à guerra sem saber ao certo por quais motivos." Uma vez que os motivos reais da intervenção não foram articulados pelo presidente, o país continuaria carecendo de princípios que norteassem sua política externa.

Lippmann não chega a usar diretamente as expressões idealismo e realismo, não no sentido de dicotomia depois estabelecido; chega, sim, a acusar as políticas do presidente Wilson e de seus seguidores de serem idealistas, pautadas por valores morais e ideais supostamente universais.[15] O autor clama por uma política externa coerente, baseada nos interesses nacionais, em uma visão de longo prazo e que não exponha o país a riscos sem sentido

---

[15] O autor chega a chamar Wilson e Taft, em contraposição a Theodore Roosevelt, de idealistas e pacifistas, que rejeitavam as premissas das políticas de poder. Vide Lippmann (1943: 31).

no cenário internacional. Vale ressaltar que, mesmo durante o debate sobre a Primeira Guerra e nos artigos publicados na *The New Republic*, Lippmann não era uma voz solitária ao criticar o excesso de idealismo do presidente Wilson. Na verdade, todo esse debate era eco de uma luta política pelos ideais que conduziriam à atuação dos Estados Unidos na guerra. Os ataques mais furiosos ao presidente não provinham das análises da mídia, mas sim do próprio embate político. O maior algoz do presidente Wilson foi o próprio Theodore Roosevelt, que discordava publicamente das justificativas dadas para a ação do país.

Em seu livro de 1943, prevendo uma nova vitória dos Aliados, Lippmann argumenta que seis potências teriam capacidade de influenciar o mundo do pós-guerra: os Estados Unidos, a Inglaterra, a União Soviética e a China seriam as nações que realmente poderiam fazê-lo de imediato, enquanto Alemanha e Japão, que a princípio teriam tal capacidade, encontravam-se destruídos e derrotados no conflito. Na verdade, Lippmann está tentando descrever o que considera o equilíbrio do poder mundial no pós-guerra, dividido entre essas quatro potências uma vez que Japão e Alemanha estivessem derrotados. A ideia de Lippmann é que as quatro potências poderiam "gerenciar" uma ordem internacional estável, que mantivesse a paz e impedisse a emergência de novos conflitos.

Claramente, a proposta de Lippmann está pautada na distribuição de poder existente entre esses países, mas seu argumento não é simples a esse ponto. O autor prevê espaço para justiça e direito nessa ordem de potências. Leis acordadas entre essas nações deveriam pautar a utilização da força, de forma a não serem arbitrárias e serem aceitáveis aos demais países.

> Nem todos os povos, em toda parte e em todos os tempos, tiveram a mesma concepção de suas liberdades fundamentais. Mas o que quer que eles entendam como suas liberdades fundamentais [...] são essas liberdades que devem ser respeitadas sob a lei, se o poder por trás da lei for perdurar. [...] O Oriente e o Ocidente foram formados em tradições culturais completamente diferentes. Mas aquilo que pode prevalecer em qualquer parte [...] é a lei universal de que a força não deve ser arbitrária, mas deve ser exercida de acordo com leis que são abertas à discussão e sujeitas a revisões ordenadas (idem: 174).

Ainda mais interessante é o reconhecimento da diversidade por parte de Lippmann. Mesmo fazendo uma análise um tanto geopolítica e pautada pela distribuição de poder, ele enxerga o papel das ideias no cenário político. E, mais do que isso, aceita que diferentes povos possuam diferentes pontos de vista e diferentes interpretações daquilo que deve ou não ser buscado e defendido. Assim, mesmo argumentando por uma ordem definida em termos de poder, o autor também abre espaço para leis, para o direito, a justiça e a revisão dessa mesma ordem. Admitindo a relatividade da ordem proposta, consegue assim ir além do estereótipo realista da simples distribuição e busca do poder.

Dialogando com a tradição liberal

Lippmann é um autor simbólico por diversos motivos. Suas ideias possuíam grande difusão à época e ele também havia participado dos debates por ocasião da Primeira Guerra Mundial. Sua interpretação da entrada dos Estados Unidos nesse primeiro conflito ganhou o senso comum e sua proposição sobre uma política externa comprometida com o sistema internacional e que adequasse meios e fins, apesar da pouca influência após a Primeira Guerra, foi em muito refletida no pós-Segunda Guerra. Claramente, Lippmann tentava inserir elementos na política externa dos Estados Unidos que não estavam tradicionalmente articulados. Segundo o autor, à exceção das décadas após a independência e da presidência de Theodore Roosevelt, o país sempre vivera na ilusão de seu isolamento.

Dialogando com a experiência da política externa dos Estados Unidos, Lippmann tenta inserir-lhe fatores externos. Mas o exemplo mais nítido desse tipo de diálogo e tentativa provém da obra de um outro autor: Hans Morgenthau. Como dito anteriormente, o período da Segunda Guerra Mundial presenciou a imigração de uma série de intelectuais europeus aos Estados Unidos. No âmbito das Relações Internacionais, nenhum nome teve mais impacto que o de Morgenthau. Sua influência foi tão profunda que é comum encontrar afirmações como a de Stanley Hoffmann, décadas mais tarde, de que, se existe algum pai fundador da disciplina de Relações Internacionais, esse é Morgenthau.

Nascido na Alemanha, Morgenthau dedicou-se ao estudo do Direito e, em especial, de sua área internacional. Duas das maiores influências em seu pensamento foram Max Weber e Carl Schmitt, ambos seus professores durante a formação acadêmica na Alemanha. Com a ascensão do regime nazista, Morgenthau, que era judeu, passou por diversos países na Europa até finalmente cruzar o Atlântico e estabelecer-se nos Estados Unidos. Nesse país, iria afastar-se um pouco da área específica de Direito Internacional e dedicar-se às Relações Internacionais como um todo. Já em seu primeiro livro, publicado em 1946, *Scientific Man Versus Power Politics*, Morgenthau lança as bases de uma filosofia realista em contraposição ao que chama de liberalismo racional (*rational liberalism*). O autor ia de encontro ao otimismo liberal da época, demonstrando o elemento da disputa de poder presente na política derivado da própria natureza humana, do homem decaído e de seu desejo de poder (Brands, 1998: 156-160).

No entanto, é apenas em seu segundo livro que Morgenthau vai realmente lançar as bases do que viria a ser a Teoria Realista das Relações Internacionais. Publicado em 1948, *Política entre as nações: a luta pelo poder e pela paz* em pouco tempo se tornou um clássico e um dos livros basilares da disciplina de Relações Internacionais. Tal obra obteve tanto impacto que foi revisada, ampliada e reeditada quatro vezes até a morte do autor, em 1980. Mesmo depois disso, suas reedições não cessaram.[16]

O pensamento de Morgenthau não se limitou à formulação teórica. Sua grande preocupação era com os rumos da política externa dos Estados Unidos após a Segunda Guerra Mundial, para que não fossem repetidos os mesmos erros do período entreguerras. Entretanto, o país não se pautara por uma conduta realista como Morgenthau argumentava em sua obra teórica. Em 1951, publica então *In Defense of the National Interest*, livro todo dedicado à análise da política externa dos Estados Unidos, sua história, os princípios por quais deveria se pautar e recomendações para a realidade do pós-Segunda Guerra Mundial.

É nesse livro que se encontra talvez o diálogo mais claro com a tradição liberal dos Estados Unidos e, por meio dele, a tentativa de moldar a política externa do país incorporando elementos externos à tradição. Morgenthau estava ciente de que discutir política externa nos mesmos moldes da tradi-

[16] Até o momento existem seis edições do livro, sendo as duas últimas organizadas e editadas por Kenneth Thompson, que, após a morte de Morgenthau, incluiu no livro outros trechos do autor.

ção continental europeia era completamente impensável nos Estados Unidos, onde havia uma aversão ao modo como as potências praticavam o imperialismo e a chamada política de poder. Interesse nacional e equilíbrio de poder eram instrumentos que não figuravam no ideal de política externa do país. Morgenthau também estava ciente de que a defesa pura e simples desses instrumentos surtiria pouco efeito dentro dos Estados Unidos; um argumento a mais era preciso para que a tradição do país pudesse incorporar alguns desses valores, ainda que a seu modo peculiar.

Assim, Morgenthau inicia um diálogo com a história da política externa dos Estados Unidos, tentando ressaltar em seus primórdios o mesmo tipo de ideias que poderiam ser aplicadas na época em que escrevia. Ao invés de criticar o país pela falta de reflexão sobre relações internacionais e por sua conduta imprópria, o autor faz justamente o inverso: argumenta que logo na independência os Estados Unidos, guiados pelos Pais Fundadores, demonstraram e praticaram uma política externa muito sofisticada. As primeiras décadas da República, o que Morgenthau chama de período realista da política externa, apresentaram toda a sabedoria que os Estados Unidos precisariam para sua inserção internacional. Defrontados com o desafio de erguer uma república frente à maior potência de sua época, os organizadores da independência conseguiram estabelecer uma série de relações que garantiram a sobrevivência do país sem ser molestado pelos europeus em suas primeiras décadas e, ao mesmo tempo, sem comprometerem de maneira exagerada o país com os assuntos da Europa. A grande sabedoria demonstrada fora perceber a fraqueza inicial da nação frente às demais e utilizar-se do equilíbrio de poder no Velho Continente para permitir que os Estados Unidos pudessem se desenvolver na América sem ameaças (Morgenthau, 1951: 13-18).

Nesse primeiro momento foi seguido o que Morgenthau chama de período ideológico da política externa dos Estados Unidos, englobando todo o século XIX até o início da Guerra Hispano-Americana. Simbolizado principalmente por Jefferson e John Quincy Adams, sua característica principal é dar continuidade à maneira como os Pais Fundadores praticavam a política externa, preocupados com a distribuição de poder e com os interesses dos Estados Unidos, mas, de maneira diversa da praticada por seus antecessores, pensar tais políticas com apelo a princípios e valores morais. Os exemplos de políticas desse período seriam a não intervenção de Jefferson nas Guerras Napoleônicas e a formulação da Doutrina Monroe e do Destino Manifesto. Segundo Morgenthau, como essas políticas eram praticadas de uma maneira realista, serviam bem aos interesses do país. Todavia, sua formulação por meio de valores morais teria ainda outras consequências (idem: 19-23).

O terceiro período da política externa do país seria a sua fase utópica, iniciada ainda no governo de McKinley e findando apenas às portas da Segunda Guerra Mundial, quando se opera uma mudança prejudicial à política externa dos Estados Unidos. A política externa do período ideológico serviu bem aos interesses do país, mas foi pensada e justificada publicamente por meio do apelo a valores morais. Como o equilíbrio de poder no cenário europeu permitiu o desenvolvimento tranquilo dos Estados Unidos no século XIX, desenvolveu-se a ideia de que o país realmente poderia permanecer isolado dos assuntos do Velho Continente. A mesma ilusão apontada por Lippmann sobre o papel dos Estados Unidos no cenário internacional durante o século XIX está presente no pensamento de Morgenthau. A partir daí, tanto o pensamento quanto a prática da política externa nesse terceiro período seriam pautados por princípios e valores morais e seu principal expoente foi, sem dúvida, Woodrow Wilson (ibidem: 23-28).

Está claro que Morgenthau tenta traçar paralelos entre uma matriz europeia, que pensa política externa em termos de interesse e poder, e as políticas desenvolvidas pelos Pais Fundadores quando da independência dos Estados Unidos. Esse vínculo será utilizado por Morgenthau para argumentar que as políticas perseguidas a partir da Guerra Hispano-Americana eram prejudiciais à nação por pautarem-se demasiadamente em valores morais. O rumo correto a seguir seria a volta aos preceitos dos Pais Fundadores e a consideração de elementos desse período realista da política externa.

Morgenthau argumenta que esse desvio das disposições políticas originais foi causado pela má interpretação da política externa à época da independência, originada principalmente por quatro fatores, sendo os três primeiros referentes a peculiaridades da nação: (1) a singularidade da experiência dos Estados Unidos, (2) seu isolamento geográfico, (3) um caráter humanitário pacifista e anti-imperialista da nação e (4) o pensamento liberal corrente durante o século XIX (ibidem: 7). Mesmo sem fazer uma referência direta, Morgenthau está aqui dialogando com a tradição liberal dos Estados Unidos. Apesar de não usar essa nomenclatura, o autor reconhece claramente a influência da tradição liberal na política externa. Ao tratar da singularidade da experiência da nação, diz:

> A singularidade do experimento americano em política externa reside em dois elementos: o elemento negativo da distinção quanto às disputas tradicionais da política de poder da Europa e o elemento positivo da expansão continental, que cria a nação mais livre e mais rica do planeta, aparentemente sem a necessidade de conquista ou subjugação de outros (ibidem: 8).

As duas características identificadas pelo autor têm referência na tradição liberal, como explicitado no capítulo anterior.[17] Tanto a ideia de excepcionalidade quanto a de expansão continental foram desenvolvidas sob a influência da tradição política liberal dos Estados Unidos. Morgenthau também explora a ideia de exagero sobre a condição do isolamento geográfico do país – da mesma maneira como exposto aqui anteriormente.[18] Da condição natural do país não decorreria a ideia de que ele pudesse se isolar definitivamente dos assuntos mundiais; essa ideia, às vezes exposta e defendida por alguns, não teria sido o que Washington sugerira em seu discurso de despedida, ao propor explorar essa condição do país. Por fim, o caráter pacifista e anti-imperialista da sociedade nos Estados Unidos seria proveniente, para além da ideia de excepcionalidade, da percepção de que o país não teria interesses em conquistas territoriais da mesma maneira como as potências europeias. Segundo o autor, a natureza dos povos indígenas e o diferencial de poder entre eles e os colonos ajudou a mascarar essa expansão não como conquista, mas como um direito natural ao usufruto do território e a uma missão civilizatória (Morgenthau, 1951: 9-11). Novamente, a referência à tradição liberal e à ideia de Destino Manifesto é clara.

O elemento externo identificado por Morgenthau, que propiciou também o distanciamento da política externa dos Estados Unidos do que fora executado pelos Pais Fundadores, foi a existência de uma corrente de pensamento liberal muito difundida internacionalmente no século XIX. Aqui,

---

[17] Vide "Uma influente despedida" e "Ideias de abrangência continental", capítulo 1, pp. 49 e 55, respectivamente.

[18] Vide "Grandes questões da política externa", capítulo 2, p. 70.

o autor faz referência ao mesmo tipo de pensamento liberal criticado por Edward Carr, como exposto na Introdução deste livro. Para Morgenthau, duas seriam suas características principais: a primeira delas é a crença de que a disputa pelo poder no sistema internacional é um mero acidente histórico relacionado à emergência de regimes não democráticos, pois democracias não fariam guerras entre si, e uma vez substituídos todos os regimes não democráticos a paz reinaria no sistema internacional. A segunda característica, decorrente da primeira, é o fato de os conflitos entre Estados democráticos e não democráticos deixarem de ser vistos como disputas de poder e passarem a ser encarados como contendas entre o bem e o mal, nas quais apenas a vitória total sobre o adversário é aceitável (idem: 11-13).

O conjunto dessas quatro características fez com que o pensamento sobre política externa dos Estados Unidos se afastasse cada vez mais do realismo praticado pelos Pais Fundadores e percorresse todo o caminho exposto nos três períodos da classificação de Morgenthau. De maneira geral, tais períodos são dados pela tensão entre moral e poder e pela prevalência de um desses conceitos:

> Do conflito entre essas duas concepções opostas, três tipos de política externa americana emergiram: a realista – pensando e agindo em termos de poder –, representada por Alexander Hamilton; a ideológica – pensando em termos de princípios morais, mas agindo em termos de poder –, representada por Thomas Jefferson e John Quincy Adams; e a moralista – pensando e agindo em termos de princípios morais –, representada por Woodrow Wilson (ibidem: 13).

A preocupação de Morgenthau é clara: de acordo o autor, ao final da Segunda Guerra Mundial, os Estados Unidos ainda pensavam sua política externa em termos moralistas. Mesmo em áreas onde as políticas perseguidas satisfaziam o interesse do país, como no caso da Europa Ocidental na análise de Morgenthau, essas eram ainda pensadas em termos de valores morais. O que o autor tenta fazer é ressaltar a relatividade desses valores e princípios no cenário internacional, cuja importância só existe em relação à sociedade estadunidense. Falar em valores absolutos no cenário internacional não faria sentido. O grande problema, segundo o autor, é que ao distanciar-se da tradição europeia de política externa, os Estados Unidos acabaram construindo nela um tipo a ser evitado. As práticas da política de poder foram completamente desmerecidas. Trabalhar com interesses nacionais ou com cálculos de poder era um demérito da política externa.

Ao rechaçar o elemento de poder e focalizar somente em princípios morais, a política externa dos Estados Unidos teria perdido qualquer traço de relatividade. Princípios morais são absolutos: se uma política externa os tem por base, herda por consequência essa característica. Ao opor moral e poder, perde-se a capacidade de identificar esses mesmos princípios morais como relativos a sua nação apenas. O que fazia prevalecer tais princípios e tais políticas externas era, na verdade, o poder do Estado, que ficava mascarado por trás do pensamento sobre valores. O que Morgenthau tenta esclarecer para essa tradição é que poder e moral não são dois opostos, mas conceitos que se relacionam.

> As equiparações de moralização política com moralidade e de realismo político com imoralidade são, em si mesmas, insustentáveis. A escolha não é entre princípios morais e o interesse nacional, mas entre um conjunto de princípios morais divorciados da realidade política e outro conjunto de princípios morais derivados da realidade política (ibidem: 33).

Um dos melhores exemplos desse diálogo com a tradição liberal é o esforço que Morgenthau faz para traduzir o pensamento sobre o equilíbrio de poder para termos aceitáveis nos Estados Unidos. Para tanto, o autor recorre a uma analogia entre o equilíbrio de poder e uma das instituições mais sagradas da Constituição dos Estados Unidos: o sistema de freios e contrapesos (*checks and balances*) (1997: 191). Proposto originalmente por Montesquieu, a ideia de freios e contrapesos é simples: as várias forças em ação no meio político deveriam ter instrumentos institucionalizados para controlar as atividades umas das outras, evitando assim o abuso de poder. Na divisão clássica do poder político por Montesquieu, entre o executivo, o legislativo e o judiciário, todas as três partes deveriam dispor de meios para monitorar a ação das demais e medidas para interferir nelas se necessário. Assim, por meio de freios e contrapesos, a estabilidade do sistema político estaria garantida e os abusos de poder evitados.

A ideia de freios e contrapesos é consagrada na Constituição dos Estados Unidos. Com forte influência iluminista, os Pais Fundadores desenharam um sistema político que evitasse ao máximo o abuso de poder por suas partes. Assim, várias medidas foram institucionalizadas para garantir o bom funcionamento da nascente República. Ao longo do tempo, o sistema de freios e contrapesos se tornou uma característica marcante da organização política dos Estados Unidos e há vasta literatura a respeito.

Sabendo da abrangência dessa ideia, Morgenthau a utiliza como analogia para introduzir o tema do equilíbrio de poder. No sistema internacional, como é bem sabido, não existe instância superior que regule as relações entre as partes. Devido a essa falta de autoridade reguladora, os conflitos de interesses recorrentemente acabam por ser resolvidos com o uso da força. Nesse contexto, o equilíbrio de poder funcionaria como um elemento estabilizador do sistema, da mesma maneira, ou exercendo a função dos freios e contrapesos. As unidades, que no caso do sistema internacional seriam os Estados, teriam no equilíbrio de poder um método para evitar o uso abusivo da força nas relações internacionais. Se o sistema estiver em equilíbrio, todos os Estados evitarão o abuso de seu poder temendo uma retaliação da outra parte; como todas as partes possuem níveis de poder equivalentes, o sistema mantém sua estabilidade. Todavia, se o sistema está em desequilíbrio, isto é, se uma das partes possui um nível de poder maior que as outras, os incentivos para a utilização de tal poder no cenário internacional são maiores, podendo gerar instabilidade e conflito. Assim, o equilíbrio de poder é visto como um meio de manter a estabilidade do sistema internacional. Uma política externa que tenha essa ideia em conta e pratique a promoção desse equilíbrio estaria contribuindo para a paz e a estabilidade internacionais.

Pelos exemplos dados, é clara a intenção de Morgenthau de inserir elementos externos no pensamento sobre a política externa dos Estados Unidos. A utilização de classificações como realista, ideológica e utópica, ou a oposição entre poder e moral, foram instrumentos utilizados pelo autor para abrir espaço dentro da tradição liberal do país. Esse fenômeno também pode ser observado em outros autores. A analogia utilizada por Morgenthau para o tratamento do equilíbrio de poder tem proximidades com a interpretação que a tradição liberal faz de outros dois conceitos, notadamente o dilema de segurança e a doutrina da contenção.

O dilema de segurança e a doutrina da contenção

O dilema de segurança e a doutrina da contenção são duas ideias que comumente estão relacionadas ao paradigma realista. Todavia, sua interpretação nos Estados Unidos se deu de uma maneira muito peculiar, em virtude da influência da tradição liberal. A ideia do dilema de segurança é antiga dentro da ciência política. Arnold Wolfers, um dos autores realistas dessa primeira geração, expõe duas definições para esse conceito. "De acordo com a primeira, a natureza humana é tal que os homens, como indivíduos e como nações, agem como aves de rapina, guiados por um desejo insaciável por poder, ou *animus dominandi*" (Wolfers, 2001: 306).

Essa primeira definição é a mais antiga das duas e sua origem remonta a Thomas Hobbes e à máxima "o homem é o lobo do homem". Ela está pautada em uma definição da natureza humana, na ideia de um homem egoísta e possuidor do que alguns chamariam de desejo de poder. É essa ideia da natureza humana e do dilema de segurança que autores como Morgenthau, por exemplo, utilizam em sua argumentação. Em contrapartida, a segunda definição do conceito de dilema de segurança não carrega em si nenhuma concepção da natureza humana.

> De acordo com a segunda explicação, que vem ganhando mais adeptos, a busca por poder não se deve a um desejo pelo poder em si, mas uma ânsia geral da humanidade por segurança. A insegurança de um sistema anárquico composto por múltiplos soberanos coloca os atores sob uma compulsão de buscar o máximo de poder, ainda que isso possa ir contra os seus desejos reais (idem).

De acordo com essa segunda definição, o dilema de segurança seria gerado não por uma característica inata do ser humano, mas pelas condições adversas de seu convívio. Desaparece do argumento qualquer intencionalidade nas ações humanas. Elas seriam geradas apenas por seu desejo de segurança e sobrevivência. Infelizmente, quando as ações de um ou mais indivíduos – ou Estados – fossem contrapostas, uma situação de insegurança emergiria, quase como por um simples acaso.[19]

[19] Com o desenvolvimento das chamadas teorias estruturais de Relações Internacionais, na década de 1970, e principalmente pela influência da disciplina de Economia por meio da Teoria da Firma e da Teoria dos Jogos, essa condição do dilema de segurança foi articulada como um tipo de falha de mercado (*political market failure*).

Como o próprio Wolfers destaca, essa segunda definição do dilema de segurança estava "ganhando adeptos" nos Estados Unidos. Para a tradição política do país era muito mais fácil pensar em um dilema surgido da interação das partes do que de uma característica inata ao ser humano. Afinal, uma nação que acredita em sua predestinação, em uma conduta pautada por valores morais e em sua missão de servir de exemplo ao mundo, não poderia articular a ideia de que todos os homens – e Estados, por decorrência – são egoístas por natureza e que isso os coloca necessariamente em uma situação de confronto.

De fato, tal articulação seria impensável dentro do imaginário liberal. O entendimento que a tradição tem do dilema de segurança lança suas raízes na estrutura do sistema internacional, e não nas partes dele. Por se tratar de uma anarquia, onde não há instância superior responsável pela regulação do sistema, a simples busca por segurança de suas partes, busca essa totalmente legítima, acaba colocando todas em uma situação de ameaça. A desvinculação da natureza humana da origem do dilema de segurança é do mesmo tipo da operada por John Locke em resposta a Thomas Hobbes. Discutindo sobre o estado de natureza, Locke explica que ele não é derivado de características inatas ao ser humano, mas da simples competição em um ambiente de recursos escassos. A afirmação de Hartz sobre a tradição liberal se mostra novamente verdadeira nesse sentido: uma incorporação do liberalismo de John Locke sem ao menos se dar conta de que Locke está envolvido.[20] No entanto, a resposta de Locke, e de Hobbes também, a essa questão é a constituição do Estado. No sistema internacional tal opção não é viável.

Apesar disso, a mudança de definição do dilema de segurança por meio da interpretação liberal tem uma consequência importante. No arcabouço conceitual utilizado por Morgenthau, por exemplo, conflitos e problemas de segurança, por serem derivados da condição humana, sempre ocorreram e sempre ocorrerão. A alternativa a uma boa política externa seria ter ciência desse fato e se portar cautelosamente na condução dos assuntos internacionais. Na interpretação liberal, todavia, a ocorrência do dilema de segurança não é definitiva; ela é apenas fruto de circunstâncias. Dessa

[20] Vide "A abrangência da tradição", capítulo 1, p. 42.

maneira, abre-se um leque de possibilidades para que sejam sanadas as deficiências do sistema que levam ao aparecimento do dilema. Como a competição não é intrínseca às partes, novos tipos de interação são contemplados.

Nada mais cabível para uma tradição que pensa em exemplo, valores morais e predestinação. Não seria concebível nesse tipo de arcabouço conceitual aceitar um caráter egoísta da natureza humana e condenado a vicissitudes. Novas alternativas teriam de ser contempladas. Assim, através dessa segunda leitura, o conceito de segurança é trabalhado na política externa dos Estados Unidos, mas sempre influenciado por sua tradição liberal. Dois dos maiores responsáveis pela difusão dessa interpretação do dilema de segurança foram Arnold Wolfers e, principalmente, John Herz. Interessante notar como Herz, mesmo sendo o pai do conceito de dilema de segurança tal como foi posteriormente difundido, e em cuja obra teórica expunha sua posição como sendo adepto de um "liberalismo realista" (*realist liberalism*), foi apontado sempre como um autor realista, sem se levar em conta as especificidades de sua argumentação (Herz, 1951; 2001: 260-278).

Assim como a ideia do dilema de segurança foi interpretada e absorvida de uma maneira peculiar pela tradição liberal, um outro conceito também teve um tratamento muito específico. A doutrina da contenção, o grande paradigma da política externa dos Estados Unidos durante toda a Guerra Fria, é outro exemplo de atuação marcada da tradição liberal. Para discuti-lo, entretanto, é preciso contextualizar também seu principal formulador: George Kennan.

Membro do corpo diplomático dos Estados Unidos, Kennan esteve na Europa do leste no final dos anos 1920, durante a ascensão de Stalin na União Soviética. Depois, com o reconhecimento da União Soviética pelos Estados Unidos em 1933, Kennan foi transferido para Moscou, onde permaneceu por muito tempo – inclusive durante a Segunda Guerra Mundial –, o que lhe propiciaria depois a possibilidade de projetar suas ideias a respeito da União Soviética e da política externa dos Estados Unidos no pós-guerra. Especialista em história russa e soviética, Kennan ganhou notoriedade exatamente pela formulação inicial do que viria a ser a doutrina da contenção.

Nos anos que se seguiram ao fim da Segunda Guerra Mundial, o debate sobre quais princípios deveriam pautar a atuação internacional dos Estados Unidos estava completamente aberto. O presidente Franklin Roosevelt acreditava que poderia haver cooperação com Stalin. Com a morte de Roosevelt, Harry Truman assume uma postura de mais desconfiança em relação à União Soviética. Mesmo sendo o único líder a possuir o domínio da tecnologia nuclear à época, tal fator não foi diretamente utilizado por ele como elemento de negociação nas definições do mundo pós-guerra. Até a instalação de regimes socialistas nos territórios controlados pelo Exército Vermelho, o relacionamento entre a União Soviética e o bloco ocidental parecia indefinido. A partir de então, Winston Churchill poderia falar de uma "cortina de ferro" que cortava a Europa ao meio. Mas foi apenas com a Guerra da Coreia e as insurgências na Grécia e na Turquia que os Estados Unidos finalmente decidiram-se por uma política de confronto com o bloco socialista. Para Truman e seu Secretário de Estado, Dean Acheson, a necessidade desse tipo de política já era clara, mas precisou-se de um evento que mobilizasse as opiniões da sociedade e do meio político, e a ameaça de expansão socialista representada pelos eventos citados serviu muito bem a esse propósito.

Kennan, no entanto, esboçara qual deveria ser a política externa do país em relação à União Soviética com muita antecedência. Em um telegrama ao Departamento de Estado em 1946 – documento que ficaria conhecido como o longo telegrama –, o autor expõe as fundações do regime soviético, seu caráter eminentemente russo, e a partir daí traça recomendações para a política externa dos Estados Unidos. Insatisfeito com o impacto de seus esforços, no ano seguinte realiza a grande tentativa de influenciar o debate público sobre o tema: em 1947, o prestigiado periódico *Foreign Affairs*[21] publica um artigo anônimo, assinado apenas por Mr. x, intitulado "As origens da conduta soviética" (Kennan, 1947: 556-582). O artigo era uma versão editada do longo telegrama no qual Kennan expunha com cla-

[21] O *Foreign Affairs* é um periódico bimestral especializado em política externa, publicado pelo *Council on Foreign Relations*, uma organização não partidária e sem fins lucrativos, fundada em 1921. A primeira edição do periódico foi publicada no ano seguinte, e ele se tornou um dos principais veículos do *Council* para difundir o debate sobre Relações Internacionais e política externa na sociedade dos EUA. Durante a Guerra Fria, o *Foreign Affairs* transformou-se no principal periódico de debate da política externa dos EUA, com contribuições de acadêmicos e autores próximos dos processos de tomada de decisão.

reza a natureza do regime soviético na Rússia e as implicações dele para os Estados Unidos.

O argumento central de Kennan é a tese de que o socialismo na União Soviética era apenas uma variação ideológica da verdadeira natureza da nação russa, que tinha por característica seu expansionismo imperialista. Para Kennan, a ideologia socialista apenas encobria as características primordiais da própria Rússia, que outrora foram manifestadas no Império dos Czares e que continuariam a se manifestar na União Soviética. Tal regime tentaria se expandir e dominar outros territórios, não por ser socialista, mas por ser russo. Ademais, o conjunto de valores e princípios pelos quais se organizava a sociedade socialista era contrário aos interesses dos Estados Unidos e do bloco ocidental de uma forma geral. Dessa maneira, a União Soviética deveria ser impedida em sua expansão. Conhecedor profundo da realidade russa e de seu regime, Kennan previu que, através da própria evolução do socialismo aplicado à sociedade russa, ele não perduraria por muitas gerações. Quando novas elites começassem a aparecer, defendendo novas ideias e novos interesses, a estrutura hierárquica do socialismo na União Soviética começaria a ruir por dentro.

É nesse ponto que reside uma das grandes discussões sobre a doutrina da contenção. Da maneira como exposta por Kennan em seu artigo na *Foreign Affairs* (1951: 115), a contenção era claramente uma estratégia ofensiva. Caracterizando o regime soviético, o autor argumenta que a "dissimulação, a falta de franqueza, a duplicidade, a desconfiança quanto à guerra, e uma inimizade básica" seriam características inerentes à política externa soviética e só cessariam quando da mudança de regime. Diz ainda que a União Soviética deveria ser tratada como um rival, não um parceiro, e sobre a condução da política externa dos Estados Unidos, afirma claramente que ela deveria ser: "desenhada para confrontar os russos com uma força contrária inabalável em todos os pontos em que eles demonstrem sinais de desrespeito aos interesses de um mundo estável e pacífico." E complementa:

> Porém, na realidade, as possibilidades para as políticas americanas não são, de modo algum, limitadas a manter as posições e esperar pelo melhor. É inteiramente possível para os Estados Unidos influenciar, por meio de suas ações, os desenvolvimentos internos, tanto na Rússia quanto por todo o movimento comunista internacional, pelo qual a política russa é fortemente determinada (idem: 126).

No contexto da época e do próprio artigo, tais argumentos eram mais que suficientes para justificar uma posição de confronto com a União Soviética. Na parte inicial de seu texto, Kennan expõe claramente que o regime socialista seria uma ameaça aos Estados Unidos, uma ameaça que se não combatida selaria a ruína da nação. De fato, o autor classifica a ameaça soviética como "o mais justo teste à qualidade nacional", "um desafio implacável" e "sobretudo um teste do valor dos Estados Unidos como a nação entre nações" (ibidem: 128). Não poderia haver formulação que suscitasse mais o confronto entre os dois países.

Ademais, com o desenrolar da Guerra Fria, as políticas pautadas na doutrina da contenção tiveram um caráter eminentemente ofensivo. Com esse pretexto, combateram-se igualmente comunistas na Grécia, na Turquia, no Irã, na Nicarágua, no Vietnã e em tantos outros lugares e situações com características específicas que foram totalmente desconsideradas. A utilização política dada ao combate ao comunismo tornou o próprio conceito de comunismo demasiadamente elástico e sujeito com frequência a abusos e manipulações.[22]

Todavia, essa interpretação ofensiva da doutrina da contenção não é a que vigora nos Estados Unidos. A grande leitura da contenção no país é como uma doutrina defensiva: os Estados Unidos estariam sendo "atacados" pelos comunistas e tinham como dever defender o bloco ocidental e seu modo de vida. A contenção foi interpretada como uma reação à postura soviética: aos Estados Unidos nada restaria a não ser conter o avanço de seu rival. Fica claro que o imaginário liberal interpreta com muito mais facilidade a ideia de um defensor lutando por direitos considerados inalienáveis do que a ideia de um país ameaçado que desencadeia um combate com seu rival por uma questão de sobrevivência. É a existência da tradição liberal novamente que traduz a ideia e as políticas da contenção de uma forma mais palatável à sociedade dos Estados Unidos.

Vale aqui uma ressalva quanto ao autor original da doutrina da contenção. Apesar da exposição em seu artigo, talvez um pouco inflamada para influenciar a opinião pública, Kennan pensava a contenção, senão de uma ma-

[22] A existência de um "ismo" contemporâneo associado ao terror é mais uma prova desse fato.

neira defensiva, ao menos mais comedida do que foi realmente aplicada. O autor nunca advogou o confronto direto com o bloco socialista. Sua ideia de contenção se baseava na competição econômica, tecnológica, militar, ideológica e na ação em regiões específicas para bloquear o crescimento e desenvolvimento socialista. A análise de Kennan é concebida por preceitos de geopolítica. Ao delinear a contenção, está preocupado com regiões específicas onde ocorreriam disputas de poder, principalmente no seio da Europa, onde a influência da União Soviética e da possível expansão do socialismo se faziam muito presentes. Todavia, a utilização política que foi dada ao conceito de contenção extrapolou em muito a ideia original de seu autor. Kennan, que fizera parte do grupo inicial de formuladores da política externa no pós-guerra, foi perdendo cada vez mais influência no governo por defender medidas mais contidas. Em contrapartida, assessores mais agressivos e belicistas, caracterizados na figura de Paul Nitze, ganharam importância e acabaram por dominar a articulação da política externa. Ao sair do governo, Kennan passou boa parte de sua vida pública posterior tentando esclarecer o que pretendera com a doutrina da contenção e diferenciá-la dos excessos que eram cometidos pelos Estados Unidos e justificados por essa doutrina.

Apesar disso, o que é importante notar é que a doutrina da contenção, como inicialmente exposta e principalmente como praticada durante a Guerra Fria, foi uma doutrina ofensiva da qual derivaram uma série de políticas destinadas diretamente contra a União Soviética e sua influência no sistema internacional. Todavia, a interpretação que se tem da contenção, devido à influência da tradição liberal, é de uma política defensiva em reação à ameaça soviética.

Outros exemplos da distinção entre realismo e idealismo

Além de ser o formulador inicial da doutrina da contenção, Kennan também foi um dos maiores críticos da política externa dos Estados Unidos no decorrer da Guerra Fria, em muito devido ao fato da conduta internacional do país ter extrapolado os limites que ele previra para a contenção. Assim como Morgenthau, Kennan identificava na política externa estadunidense uma tradição legalista-moralista. Tal tradição representaria um grave risco aos Estados Unidos, principalmente em tempos de competição entre as duas superpotências. Em suas publicações posteriores, o autor também foi um dos responsáveis pelo diálogo com a tradição liberal e pela utilização da distinção entre realistas e idealistas.

Em obra publicada em 1951, fruto de uma série de seis palestras proferidas na Universidade de Chicago, Kennan analisa a política externa do país, desde a guerra contra a Espanha até a Segunda Guerra Mundial, e demonstra um olhar extremamente crítico quanto à atuação dos Estados Unidos no cenário internacional. Em suas próprias palavras: "[...] eu vejo a falha mais grave da formulação de nossas políticas passadas residir em algo que eu poderia chamar de abordagem legalista-moralista para problemas internacionais" (1951: 95). Kennan segue descrevendo o que ele considera esse erro conceitual no pensamento da política externa do país, como sendo derivado de uma crença na possibilidade de se regular o sistema internacional através da adoção de normas jurídicas e limitações às ações dos Estados. Um tipo de pensamento que, em vez de considerar as ações dos Estados por meio de seus interesses nacionais, tenta julgá-las por alguma ideia de direito natural ou moral em que tais ações possam ser aceitáveis ou não. Permeia esse pensamento a ideia de que, da mesma maneira como as 13 colônias se organizaram em uma República, o sistema internacional também poderia ser organizado de acordo com leis e costumes de aceitação universal (idem: capítulo VI).

Kennan é completamente oposto a essa influência legalista e moralista na política externa dos Estados Unidos. O que tenta demonstrar é a impossibilidade de se conduzir a política externa utilizando esses meios absolutos, sem levar em conta os interesses particulares de cada Estado. O autor chega mesmo a demonstrar como essa abordagem legalista e moralista tenderia sempre a conceber as questões no cenário internacional como disputas entre o certo e o errado, entre o bem e o mal, disputas absolutas e de soma zero; assim, se aproximam também de conceitos definitivos, de guerra total e vitória incondicional sobre seus adversários como sendo as únicas soluções aceitáveis. No início da década de 1950 e com o desenvolvimento nuclear, Kennan (ibidem: 101) alerta sobre o perigo de se pensar em termos de uma guerra total, como fim absoluto e não como meio.

As críticas do autor não cessaram com a evolução da Guerra Fria. Kennan – assim como Morgenthau e outros realistas – foi um forte opositor

tativa de serem colocadas em segundo plano, atrás do desejo de um mundo ordenado, não perturbado pela violência internacional. Para a mentalidade americana, não é plausível que as pessoas devam ter aspirações positivas e aspirações que elas considerem legítimas, mais importante para elas do que a paz e a ordem da vida internacional (1951: 96).

Outro autor que contribui para esse diálogo com a tradição liberal e que se utiliza dessa ideia de dicotomia entre realismo e idealismo é Robert Osgood. Dos autores discutidos até o momento, Osgood é, provavelmente, o menos conhecido. Sua obra, no entanto, não deixa de trazer contribuições a esse debate: publicado inicialmente em 1953, seu *Ideals and Self-Interest in America's Foreign Relations* (1974) expressa desde o título uma temática interessante. O livro foi publicado pela editora da Universidade de Chicago e desenvolvido dentro de seu *Centre for the Study of American Foreign Policy*, cujo diretor era Hans Morgenthau. Assim, a obra de Osgood está no seio do debate sobre política externa e realismo e idealismo.

A análise de Osgood sobre a política externa do país abrange desde os debates anteriores à Guerra Hispano-Americana no final do século XIX até a participação na Segunda Guerra Mundial. Em um estudo detalhado dos debates sobre política externa do período, dos diversos grupos formados e das figuras-chave que os influenciaram, Osgood reproduz a evolução dos envolvimentos internacionais dos Estados Unidos e dos debates internos que lhes deram origem, sempre utilizando fontes muito bem documentadas empiricamente. Assim, percorre os debates sobre geopolítica e expansão naval encabeçados pelo almirante Mahan no período anterior ao que chama de a Primeira Cruzada, a Guerra Hispano-Americana; analisa os movimentos dos imperialistas e anti-imperialistas e a evolução desses últimos ao movimento pacifista; o debate sobre a intervenção anterior à Segunda Cruzada, a Primeira Guerra Mundial, e a questão da Liga das Nações em seu desfecho. Com tal base, a última parte do estudo trata do período entreguerras e da participação dos Estados Unidos na Segunda Guerra Mundial.

A característica principal do trabalho de Osgood é percorrer todos esses debates sobre política externa por meio de uma leitura que ressalta as influências ora de ideias e valores morais, ora de interesses próprios e egoístas.

Todavia, da mesma maneira que seus contemporâneos, o autor demonstra estar ciente que esses dois conceitos são relativos e que ambos sempre estão presentes nas discussões políticas. O que Osgood tenta identificar não é se a política externa dos Estados Unidos em um determinado período foi realista ou idealista, mas sim quando ideias e valores prevaleceram sobre interesses e quando ocorreu o contrário.

Conclusão

Algumas conclusões podem ser derivadas de todas essas reflexões do pós-Segunda Guerra Mundial e do início da década de 1950. A primeira delas é quanto à motivação desses autores. Em livro recente, Martin Griffiths (1999) publicou pequenas biografias do que chamou "pensadores-chave" das diferentes abordagens teóricas das Relações Internacionais. Ao tratar dos autores realistas, nos capítulos dedicados a George Kennan, Hans Morgenthau e John Herz, encontram-se afirmações como "tinha por objetivo influenciar a política externa dos Estados Unidos" ou "ficou desiludido ao perceber que não conseguira fazê-lo". Citações desse tipo expressam um fenômeno maior: grande parte da obra desses e de outros autores teve o objetivo direcionado de interferir na maneira como se pensavam as Relações Internacionais nos Estados Unidos e, mais diretamente, nos rumos da política externa do país. Sem dúvida, esses autores percebiam o papel indispensável que os Estados Unidos teriam de desempenhar no cenário internacional e temiam que o que consideravam falhas de sua tradição política pudesse comprometer sua política externa como no período entreguerras. Seus textos eram direcionados a uma parcela de tomadores de decisão, na tentativa de trazer outros elementos ao pensamento liberal peculiar ao país.

Outras semelhanças também podem ser verificadas nas preocupações desses autores. Morgenthau (1951: capítulo 8) e Kennan (1951: capítulo 6), por exemplo, demonstram em suas obras um certo receio quanto ao impacto do regime democrático dos Estados Unidos em sua política externa. Com eleições periódicas, a influência popular sobre as ações dos governos passa a ser maior. Políticas têm de ser pensadas em relação a seu impacto público: medidas impopulares podem representar reveses eleitorais em um curto espaço de tempo. Essa dependência da opinião pública é, no entendimento

ta; todos parecem reconhecer o papel das ideias e levá-las em conta. A argumentação desses autores vai no sentido de inserir elementos na tradição liberal, não de substituí-la.

E é assim que essas categorias e classificações são utilizadas. A preocupação desses autores é dirigida ao caráter legalista, moralista, utópico e idealista da tradição política dos Estados Unidos. Ao fim, todos esses adjetivos acabam por expressar preocupações bem semelhantes: a falta de reflexão sobre o interesse nacional do país e as realidades de poder do sistema internacional que poderiam comprometer a política externa do pós-guerra. Assim, a contraposição entre legalistas, moralistas, utopistas e idealistas, de um lado, e realistas, do outro, é feita com o intuito de ressaltar tais elementos ausentes no pensamento sobre política externa nos Estados Unidos e demonstrar sua importância.

Mesmo sem usar tal nomenclatura, esses autores dialogam com a tradição política liberal dos Estados Unidos e estão, em boa parte, cientes disso. Cientes de que elementos externos como poder e interesse não seriam incorporados facilmente à tradição. O exemplo de como Morgenthau traduz o equilíbrio de poder ou de como a tradição interpreta o dilema de segurança e a doutrina da contenção são manifestações disso. À sua própria maneira, a tradição incorpora tais elementos e mantém sua característica principal: a falta de relatividade e o pensar o particular como universal. De qualquer forma, é o requinte desse diálogo com a tradição liberal, presente nesses autores, que não será encontrado na reutilização das categorias realismo e idealismo na década de 1990.

ginalmente pretendido. Com o desenvolvimento da Guerra Fria, associado à utilização da doutrina da contenção na formulação da política externa dos Estados Unidos, elementos do realismo passaram a ter maior preponderância nas políticas do país. O debate ocorrido na década de 1950 estava encerrado. Elementos do realismo haviam entrado no cenário político dos Estados Unidos e passaram a influenciar a inserção internacional do país, mesmo que nem sempre em concordância com a opinião dos autores que inicialmente o promoveram.

Como esperado, devido à nova posição internacional do país, o número de análises sobre a política externa passada e presente multiplicou-se. Por meio dessas, as categorias realismo e idealismo ganharam outros contornos e não mais refletiam um debate com implicações teóricas e práticas, como ocorreu com os primeiros autores ao debruçarem-se sobre o tema. Cada vez mais essas categorias passavam a ser utilizadas como tipos fixos de classificação da política externa do país. Períodos da história dos Estados Unidos foram classificados como realistas ou idealistas no tocante à política externa. Da mesma maneira o foram seus presidentes, governos, Secretários de Estado, doutrinas propostas e tantas outras coisas mais. Em certo sentido, a finalidade dessas categorias foi distorcida e empobrecida. Realismo e idealismo não haviam sido pensados como simples instrumentos de classificação e não foram utilizados assim por seus autores originais, para delimitação estrita, como feito posteriormente.

Apesar de suas diferenças quanto aos objetivos originais, tais categorias difundiram-se como classificação da política externa dos EUA. Por vezes com uma nomenclatura um pouco distinta, mas expressando sempre a mesma ideia. Duas abordagens de política externa opostas: a idealista preocupada com valores morais e absolutos, e a realista preocupada com interesses diretos e particulares. Com o fim da Guerra Fria essa temática volta à tona nas análises sobre a política externa do país e sua projeção para a nova era.

A terceira vez

Análises sobre o fim da Guerra Fria foram produzidas à exaustão, não sendo necessário discuti-las para o tipo de argumentação proposta. Levantaremos apenas alguns fatores que tiveram implicações diretas na política externa estadunidense.

Da perspectiva dos Estados Unidos, a Guerra Fria dava sustentação a dois elementos fundamentais do cenário político pós-Segunda Guerra Mundial: (1) a estrutura do sistema internacional, baseada na bipolaridade entre as superpotências, e (2) a política externa do país, pautada na contenção à União Soviética. Com o término abrupto da Guerra Fria esses dois fundamentos desapareceram do cenário internacional.

Em conjunto com essas duas questões aparecia uma terceira: a descrença nas análises do cenário internacional. Quase cinquenta anos de Guerra Fria e inúmeras análises a seu respeito não foram capazes de prever ou indicar o fim do conflito. Uma percepção de fracasso envolveu os estudos de Relações Internacionais e política externa. Como reflexo, as tentativas de traçar perspectivas para pautar a inserção internacional dos Estados Unidos nesse novo contexto também foram vistas com ceticismo.

Mas o fim da Guerra Fria não gerou apenas incertezas. Um sentimento de grande euforia também estava presente no cenário internacional, impulsionado pela proposta de uma "nova ordem mundial" e pela bem-sucedida intervenção internacional na invasão do Kuwait pelo Iraque. Comprovou-se posteriormente que esse clima de entusiasmo era de curta duração e não alcançaria resultados duradouros. Para tomar emprestado o termo de John Gaddis (1992), um aspecto positivo que se pode dizer a respeito de guerras é que elas produzem um pensamento direto e focado na resolução dos problemas imediatos. Um aspecto negativo que se pode dizer de vitórias é que elas ajudam a relaxar e dispersar a mente, permitindo o aparecimento de novos problemas.

Foi assim que os Estados Unidos se encontraram no imediato pós-Guerra Fria: envolvidos em um sistema internacional de características e tendências incertas, desprovidos de um inimigo a combater e, portanto, dos princípios que baseavam sua atuação internacional, receosos sobre as análises do plano internacional que se mostraram insuficientes, mas, ao mesmo tempo, extasiados pelo sentimento de vitória e de ausência de ameaças.

Ao menos um fato era tido como certo: as bases do relacionamento dos Estados Unidos com o sistema internacional precisariam ser repensadas. Mesmo com suas características peculiares, o fim da Guerra Fria foi

A diferença principal do término da Guerra Fria frente a esses outros momentos da história mundial residiria na abrangência da destruição da ordem anterior. Segundo Ikenberry, os conflitos citados presenciaram a destruição total de suas ordens anteriores para que então fossem instauradas novas ordens mundiais. No caso da Guerra Fria, haveria duas ordens anteriores em vigência: a ordem da bipolaridade, esta sim destruída pelo desaparecimento da União Soviética, e uma ordem constitucional no seio do bloco ocidental, que permaneceria intacta.[2] A proposta do autor é que os Estados Unidos continuem expandindo essa ordem constitucional a outras regiões do planeta, uma vez que não precisam mais se preocupar com a extinta União Soviética, e assim administrem sua posição de poder no pós-Guerra Fria.

Apesar de o conflito bipolar ter se encerrado sem o confronto direto entre as duas superpotências, a ordem internacional até então vigente fora destroçada em proporção comparável ao fim de qualquer outra grande guerra. Como a única superpotência restante, e com a necessidade de reestruturar a ordem internacional, os Estados Unidos começam a buscar um novo paradigma para pautar seu relacionamento com o mundo. É nesse contexto que surgem várias análises resgatando a classificação da política externa dos Estados Unidos por meio dos tipos realista e idealista. Se a tarefa de reconstrução da ordem internacional é comparável ao pós-Segunda Guerra Mundial, algumas categorias utilizadas também se repetem. Suas diferenças do debate original da década de 1950, suas propostas, implicações e insuficiências serão analisadas em sequência.

Reflexões sobre política externa na década de 1990

No período imediatamente anterior ao fim da Guerra Fria, a produção sobre política externa dos Estados Unidos passava por um momento fértil. O debate em questão era acerca do declínio ou não do país no cenário internacional. A ideia de declínio refletia supostos fracassos da política externa nas décadas anteriores: a intervenção malograda no Vietnã, a quebra

[2] A característica principal de uma ordem constitucional seria a existência de arranjos institucionais que limitassem o exercício de poder pelo Estado hegemônico, tornando tal ordem atraente para os demais Estados mas ainda controlada pelo Estado hegemônico. Para compreender isso que o autor chama de barganha constitucional, vide Ikenberry (2001: 30-44).

do padrão ouro-dólar, os escândalos do governo Nixon, entre outros. Alguns exemplos como o fortalecimento econômico e comercial de Japão e Alemanha, a perda de espaço diplomático dos Estados Unidos nas Nações Unidas, o aparecimento do Movimento dos Não Alinhados e as dificuldades em gerenciar as crises do petróleo levaram alguns analistas à percepção de que o país estaria perdendo poder no cenário internacional. A expressão máxima dessas ideias foi dada pelo historiador Paul Kennedy (1989), ao defender que o declínio do país já era uma realidade. Kennedy utilizou-se de uma análise das grandes potências dos cinco séculos anteriores para demonstrar que, após um período em seus ápices de poder, todas elas passaram pelo que o autor chama de superextensão (*overstretch*): os custos externos de manutenção de seus *status quo* acabaram por exaurir os recursos das potências, culminando com a queda de todas elas.

Kennedy engajou-se em um debate com vários outros autores que questionaram a validade de sua argumentação. As principais críticas foram feitas quanto à maneira como o autor se utilizou dos dados para fundamentar possíveis evidências do declínio iminente dos Estados Unidos e sobre a não consideração da natureza mutável do poder que, devido a avanços tecnológicos e mudanças culturais das décadas precedentes, tornaria os indicadores utilizados menos relevantes.[3]

Com a queda do Muro de Berlim e o posterior desmembramento da União Soviética, o debate sobre o declínio ou não dos Estados Unidos foi eclipsado. O momento era de euforia, pois o país tinha vencido a Guerra Fria – ainda que por desistência do outro competidor. Esse era o momento unipolar: os Estados Unidos eram a única superpotência do planeta e não mais estavam ameaçados por qualquer Estado ou ideologia (Krauthammer, 1991: 23-33). Tanto otimismo levou ainda à formulação de uma nova argumentação sobre o mundo pós-Guerra Fria: a tese do fim da História. Para Francis Fukuyama (1993), autor da polêmica ideia, a época de conflitos no sistema internacional se encerrara com o fim da Guerra Fria: o modelo do Estado-nação, o regime democrático e a economia capitalista de mercado seriam o ápice do desenvolvimento político e econômico humano. Com a

[3] Duas entre as diversas críticas a Kennedy podem ser encontradas em Huntington (1989) e Nye (1990).

a publicação da obra *Diplomacia*, em 1994. Seu autor, Henry Kissinger, é figura peculiar no cenário político dos Estados Unidos. Acadêmico da Universidade de Harvard, com vasta obra publicada, Kissinger foi assessor de Segurança Nacional e posteriormente Secretário de Estado dos presidentes republicanos Richard Nixon e Gerald Ford. É tido como o principal articulador do chamado período da *détente* na Guerra Fria; durante sua passagem pelo governo, foi responsável por políticas como a negociação final do conflito no Vietnã, a reaproximação com a China e a condução da chamada política triangular. O lado pouco discutido de sua atuação internacional são as acusações de apoio ao golpe militar no Chile, de ter autorizado bombardeios desnecessários aos não beligerantes Laos e Camboja, e outros casos semelhantes que vieram à tona recentemente (Hitchens, 2002). Até hoje Kissinger exerce tremenda influência entre os articuladores da política externa dos Estados Unidos, não apenas por meio do contato com membros do governo, mas também atuando no setor privado por meio de sua consultoria.

Em meio às discussões sobre os rumos da política externa dos Estados Unidos no pós-Guerra Fria, Kissinger publica sua *magnum opus*[5] sobre diplomacia de vasta abrangência, discutindo a política mundial e a política externa dos Estados Unidos desde o Concerto Europeu até o fim da Guerra Fria. Para discutir a política externa do país, o autor se apropria das categorias realismo e idealismo, projetadas por ele metaforicamente nas figuras de Theodore Roosevelt e Woodrow Wilson, respectivamente. A esse respeito, o comentário de Ruggie é muito adequado:

> Dois mitos populares, que ofuscam mais do que esclarecem o seu sentido histórico, vêm sendo passados por gerações sobre aquela luta. Um deles descreve a contenda entre Roosevelt e Wilson como um choque de titãs entre realismo e idealismo, no qual o sofisticado realismo tentou mitigar o ingênuo idealismo, mas falhou. Henry Kissinger repete tal mito em sua recente obra magna – de fato, ele faz deste o mecanismo organizador central do livro (1996: 14-15).[6]

---

[5] O termo é de John Ruggie (1994: 570).

[6] A citação sobre uma luta (*fight*) na passagem é referência à disputa pela aprovação ou não do Tratado de Versalhes no Senado dos Estados Unidos. O segundo mito citado é a interpretação dessa luta como uma disputa entre isolacionistas e internacionalistas.

A afirmativa de Ruggie não poderia ser mais correta. Kissinger realmente faz da diferença entre realismo e idealismo projetada nos dois presidentes o mote central de seu livro. Theodore Roosevelt é caracterizado como um arquétipo realista: um político que pensa em termos de interesses nacionais e move seu país através do cenário internacional preocupado com cálculos de poder e com o equilíbrio do sistema. "Nenhum outro presidente definiu o papel mundial dos Estados Unidos tão inteiramente em termos de interesse nacional, ou identificou o interesse nacional de maneira tão completa com o equilíbrio de poder" (Kissinger, 1994: 39).

Em contrapartida, Wilson é definido como o oposto ideal de Roosevelt. A personalidade de Wilson como descrita por Kissinger é a de um político com aversão a cálculos de poder e a motivações baseadas no interesse nacional. Segundo o autor, Wilson justificava as ações do país acreditando em valores universais e em produzir um bem maior para a humanidade. Enquanto Roosevelt considerava o sistema internacional como uma arena em que os participantes se regulavam por meio de relações de poder, "Leis universais e não o equilíbrio, confiabilidade nacional e não a autoafirmação nacional eram, na visão de Wilson, as fundações da ordem internacional" (idem: 45). Ao conduzir o país para a Primeira Guerra Mundial, "ele [Wilson] o fez renunciando a qualquer interesse nacional egoísta e afirmando que a América não buscava nenhum outro benefício além da reafirmação de seus princípios" (ibidem: 44).

> Wilson sustentou que a América era essencialmente desinteressada, logo deveria emergir como mediadora. Por causa da fé americana em valores maiores do que o equilíbrio de poder, a guerra na Europa agora lhe proporcionava uma extraordinária oportunidade de proselitismo para uma nova e melhor abordagem para os assuntos internacionais (ibidem: 45).

A caracterização que Kissinger faz de Roosevelt e Wilson é compatível com a utilizada por autores do pós-Segunda Guerra Mundial para discutir a política externa dos Estados Unidos. Tal compatibilidade é dada pela indicação de elementos de realismo na política externa de Roosevelt e elementos de idealismo na política externa de Wilson, tal como o fizeram autores quatro décadas antes. Todavia, esses autores de primeira geração não eram definitivos em suas classificações. O problema com o argumento de

à guerra ao Vietnã e mesmo quando o conflito bipolar chegou ao fim, em parte por razões que ele mesmo previra, demonstrou certo descontentamento. Acreditava que se os Estados Unidos tivessem seguido uma política externa mais bem fundamentada, poderia ter-se encerrado a disputa antes, sem os custos materiais e em vidas humanas de quase meio século de Guerra Fria.

Em toda a obra de Kennan, a preocupação sempre presente foi pautar a política externa dos Estados Unidos de uma maneira coerente e sustentável. Analisando um de seus artigos publicados na década de 1990, pode-se entender o que ele almejava com a formulação da contenção. No artigo "On American Principles", publicado na *Foreign Affairs* em 1995, o autor aborda a situação da política externa do país à época. Segundo ele, o que o país necessitava não era de formulações de quais políticas seguir no momento, mas sim de um princípio de política externa. Kennan recorre ao exemplo de John Quincy Adams, que, como Secretário de Estado e formulador da Doutrina Monroe, conseguiu estabelecer um princípio fiel à natureza, às necessidades, aos interesses e limitações de seu país. O princípio estabelecido por Adams e pela Doutrina Monroe pautava a participação internacional dos Estados Unidos como "desejando a liberdade e a independência de todos", mas sendo "o campeão e o defensor apenas de si mesmo". A concepção de Kennan sobre a contenção possuía então um *status* parecido, um princípio, uma ideia, uma regra de conduta a ser seguida, apesar de nem sempre absoluta. Mesmo ressaltando o elemento do poder nas relações internacionais e a necessidade de se pensar nos interesses particulares de cada Estado, Kennan não se desvencilha do papel das ideias na ação política. A diferença é que em sua argumentação não há necessariamente uma oposição entre interesses e ideias. O que julga como recomendável é que as ideias e os princípios que pautam a política externa sejam derivados de uma análise da realidade e das necessidades da nação. O que Kennan identifica como uma falha é, na verdade, a grande peculiaridade do pensamento dos Estados Unidos sobre política externa:

> Por trás de tudo isso, é claro, repousa a premissa americana de que as coisas pelas quais outros povos neste mundo estão dispostos a lutar não têm, em sua maioria, nem importância nem credibilidade, e legitimamente têm a expec-

desses autores, extremamente prejudicial à prática da política externa. Tais políticas devem ser pensadas como políticas de Estado, não de governo. Devem ser medidas pelo cumprimento de seus objetivos, muitas vezes de médio e longo prazo, e não no curtíssimo prazo que o atendimento de demandas populares requer. Atitudes impopulares às vezes são necessárias; o controle democrático pode dificultar muito a prática da política externa.[23]

Outro aspecto essencial para entender o caráter desses textos é o momento histórico no qual eles se inserem. O pós-Segunda Guerra Mundial foi um período de definição do que viria a ser o sistema internacional pelas cinco décadas seguintes. A posição internacional dos Estados Unidos e a ideia da ameaça comunista são elementos essenciais para a compreensão desses debates e, em boa medida, são parte da explicação de por que muitos dos argumentos levantados por esses autores tiveram sucesso em influenciar a política externa do país, quando em períodos anteriores ideias semelhantes haviam falhado.

Realmente se estabeleceu algo próximo a um debate nas discussões sobre política externa. A ideia de inserir elementos como poder e interesse no pensamento sobre política externa causou fortes reações contrárias. A argumentação mais recorrente era sobre a falta de princípios para se guiar tais políticas, e que, uma vez admitido o critério do poder, inúmeras atrocidades poderiam ser cometidas em seu nome. Morgenthau (2001: 279-303), por exemplo, tem um artigo dedicado à elucidação de suas recomendações e ao rechaço a esse tipo de crítica, por ocasião da publicação de seu livro e do livro de Kennan, no mesmo ano. Morgenthau tenta por todos os meios explicar o que já havia exposto em seu livro: que a escolha não é entre poder e moral, mas entre dois tipos diferentes de moral; uma derivada de uma realidade que leva em conta relações de poder, e outra desvinculada dessa realidade.

Nenhum dos autores analisados leva seu argumento ao extremo. Todos defendem o que chamam de posições realistas, mas parecem ter plena consciência da impossibilidade de uma prática política inteiramente realis-

[23] Um segundo problema no que concerne às democracias seria a existência de eleições regulares com grande possibilidade de que se troquem os governos. Em alguns casos essa mudança pode ser extremamente prejudicial, impedindo a continuidade das políticas perseguidas e ameaçando a credibilidade do país.

CAPÍTULO 3

Realismo e idealismo nas reflexões da política externa durante a década de 1990

Com o decorrer da Guerra Fria, a ideia de que a política externa dos Estados Unidos pudesse ser classificada de acordo com duas categorias distintas foi reproduzida por diversos autores. Muitas vezes essas classificações não levavam exatamente os mesmos nomes, realismo e idealismo, mas difundiam sempre ideias semelhantes. John Spanier, em prefácio de 1968 para uma edição revisada de seu livro *American Foreign Policy since World War II*, afirma que a política externa dos Estados Unidos possuía duas tendências ao longo da história: ser a polícia do mundo, conduzindo uma cruzada pela democracia, ou preocupar-se somente com seus interesses diretos; o autor chama essa última postura de realista. Da mesma maneira, Jerald Combs classifica a política externa do país como uma tensão entre a interpretação nacionalista, preocupada em pautar-se pelo que seriam os valores fundamentais dos Estados Unidos, a liberdade e a democracia, e a interpretação realista, supostamente desvinculada de quaisquer valores morais na condução da política externa. Combs (1986) identifica na raiz do que chama de realismo autores como Kennan, Morgenthau e Lippmann.

Como visto no capítulo anterior, as categorias realismo e idealismo foram inicialmente utilizadas para interpretar a política externa dos Estados Unidos nas análises feitas após a Segunda Guerra Mundial, principalmente para discutir o papel e o impacto das políticas de Wilson e, assim, introduzir elementos de uma tradição política estranha ao país. Sobretudo, foram utilizadas com o intuito de influenciar os tomadores de decisão e impedir que se repetisse a política do entreguerras.

Com o passar das décadas, a utilização dessas categorias foi se tornando cada vez mais usual. No entanto, seu significado passou a diferir do ori-

identificado como um período de reorganização do sistema internacional. Assim como ao final da Primeira e da Segunda Guerra Mundial, a ordem anterior vigente estava desfeita e precisava ser reconstituída a partir de novas diretrizes; o fim da Guerra Fria representou mais uma grande mudança no sistema internacional dentre as várias ocorridas no século XX. Mais uma vez os Estados Unidos estavam do lado dos vencedores – agora como o único país relevante.

Vários autores identificaram esse momento de transição e traçaram paralelos importantes com outras reestruturações da ordem internacional – em especial com o pós-Segunda Guerra Mundial. Em artigo de 1994, John Ruggie tenta analisar o que seria a terceira tentativa do país para organizar a ordem mundial.[1] As tentativas anteriores teriam sido ao término da Primeira e da Segunda Guerra Mundial, em 1919 e 1945, respectivamente. Ruggie (1994: 556-557) identifica um padrão na política externa dos Estados Unidos, o qual nomeia multilateral e cujas características seriam: tratamento indiscriminado entre todos os Estados, comprometimento com a segurança coletiva, com uma ordem econômica livre, sem tratamentos comerciais ou cambiais discriminatórios, e compromisso com os direitos humanos e com a autodeterminação dos povos. Segundo o autor, esses princípios teriam pautado a política externa dos Estados Unidos em 1919 e, melhor articulados, em 1945, e deveriam servir de base para a política externa do pós-Guerra Fria.

John Ikenberry (2001) também identifica o fim do conflito bipolar como um momento de transição da ordem internacional. Na perspectiva do autor, as ordens internacionais são moldadas ao final de grandes guerras, quando após a vitória os Estados vencedores possuem maiores condições de impor suas preferências aos demais em uma nova ordem internacional. O fim da Guerra Fria poderia ser comparado aos anos de 1648, 1713, 1815, 1919 e 1945, respectivamente o fim da Guerra dos Trinta Anos, da Guerra de Sucessão Espanhola, das Guerras Napoleônicas, da Primeira e da Segunda Guerra Mundial. "Nestes momentos críticos, Estados recém-poderosos têm recebido oportunidades extraordinárias de moldar a política mundial" (idem: 3).

[1] O argumento do artigo foi posteriormente ampliado e conjugado com uma análise da política externa dos Estados Unidos durante a Guerra Fria, vide Ruggie (1996).

ausência de outros competidores, esses modelos se expandiriam pelos Estados no sistema internacional, garantindo assim um desenvolvimento estável e pacífico das relações internacionais.[4]

A ideia do fim da História foi muito contestada e uma de suas respostas gerou uma hipótese tão controversa quanto. Em parte respondendo a Fukuyama, o cientista político Samuel Huntington (1993: 22-49) refutou a ideia de que os conflitos internacionais estariam acabados. Para o autor, se o período anterior da história da humanidade havia sido marcado por conflitos entre Estados-nações, o período que se iniciava com o fim da Guerra Fria presenciaria tensões e conflitos entre as diferentes civilizações. Assim, Huntington identifica e classifica tais civilizações, apontando as linhas de tensão existentes entre elas onde possivelmente surgiriam conflitos futuros.

O conteúdo das discussões acima demonstra o total clima de incerteza quanto à política mundial no pós-Guerra Fria e os rumos da política externa dos Estados Unidos. Essa percepção de incerteza foi capturada pela própria denominação atribuída ao período: pós-Guerra Fria. O termo pós deixa ausente uma definição positiva dessa nova era; negativamente, sabe-se o que ela não é: a bipolaridade, a corrida armamentista, o equilíbrio do terror, a competição por áreas de influência; todavia, suas características próprias ainda não haviam sido identificadas. Se a ordem internacional anterior fora definida pela atuação e pelo confronto das duas superpotências, a ordem vindoura era incerta e haveria de ser moldada pelas ações dos Estados Unidos.

Assim, em meio a todos esses debates, análises e reflexões, aparece também a utilização das categorias realismo e idealismo para a interpretação da política externa do país.

A obra máxima de um grande expoente

Muitas análises do pós-Guerra Fria reproduziram as categorias realismo e idealismo como maneira de classificar a política externa dos Estados Unidos. Vários exemplos desse tipo de bibliografia serão abordados a seguir, mas um deles em especial teve uma influência destacada nessas discussões:

[4] Fukuyama chega a aceitar a existência de possíveis conflitos residuais para a implementação desses modelos em alguns casos, mas tais conflitos não seriam relevantes de modo geral.

Kissinger é sua rigidez e sua utilização para classificar outros períodos da política externa do país. De maneira oposta aos autores do pós-guerra, que assumiam a relatividade de suas categorias e a não adequação plena delas a todos os aspectos da política externa, Kissinger as toma como categorias fixas, projetadas nas figuras de ambos os presidentes, e as utiliza para interpretar a política externa dos Estados Unidos. A distinção entre duas categorias bem definidas e opostas como proposta pelo autor é questionável e, na verdade, já havia sido abordada anteriormente. Kissinger, ciente disso, está dialogando com outros autores ao usar a seguinte metáfora: "[...] ele [Roosevelt] era o estadista-guerreiro; Wilson era o padre-profeta. Estadistas, mesmo os guerreiros, focam-se no mundo em que vivem; para os profetas, o mundo 'real' é aquele que eles querem criar" (1994: 47).

A referência em questão é a John Milton Cooper Jr. e a sua obra *The Warrior and the Priest* (1983), uma biografia sobre os dois presidentes citados. Por mais que a leitura do título possa parecer sugestiva, e reforçar o tipo de interpretação que Ruggie chama de mito, classificar Roosevelt como um guerreiro e Wilson como um padre ou profeta não é uma tarefa tão simples assim. A obra de Cooper Jr., publicada mais de uma década antes da de Kissinger, já faz menção às diferentes interpretações quanto à atuação de ambos os presidentes:

> [...] categorizar Roosevelt como um realista e Wilson como um idealista é uma meia verdade. Em questões domésticas, os dois homens professaram para reverter essas posições; em questões internacionais, eles não eram, de maneira alguma, opostos. Em ambos os domínios, Roosevelt se autoproclamava continuamente como um idealista, apelava a valores transcendentais, em termos ainda mais exaltados do que Wilson, e desprezava Wilson como o oposto de um idealista – como limitado, tímido e egoísta. Em ambos os domínios, Wilson exaltava aquilo que chamava de "conveniência", argumentava pela paciência e precaução e rejeitava a abordagem de Roosevelt como um erro colossal e excessivamente idealista – como quixotesca e iludida (Cooper Jr., 1983, *apud* Ruggie, 1996: 14).

Para além dessa classificação rígida questionável, Kissinger transporta essas categorias para a análise de outros períodos da política externa do país, os quais tais conceitos não se propunham inicialmente a analisar. Na década de 1950, o debate entre realismo e idealismo estava direcionado para a inserção de elementos externos à política dos Estados Unidos em sua reflexão sobre Relações Internacionais. O debate analisava a história e as tradições do país, sobretudo na tentativa de influenciar seu direcionamento no cenário internacional. Na obra de Kissinger, realismo e idealismo são tomados como categorias analíticas para classificar a política externa do país. É comum encontrar referências, por exemplo, a Wilson, Franklin Roosevelt ou Ronald Reagan como políticos idealistas, e a Theodore Roosevelt e Richard Nixon como realistas.[7]

Mais problemática ainda é a não adequação dos perfis de Wilson como idealista e Roosevelt como realista a outra classificação binária utilizada por Kissinger no decorrer da obra. Antes mesmo de tratar de ambos os presidentes, o autor identifica o que seriam historicamente as duas posturas contraditórias dos Estados Unidos em relação à política externa. Kissinger argumenta que o papel desempenhado pelo país foi por vezes o de um farol (*beacom*), sinalizando aos demais Estados o caminho a seguir, mas engajando-se modestamente no sistema internacional; em outros momentos, teve o comportamento de um cruzado (*crusader*), atuando de forma direta no sistema para a promoção de seus ideais. "O primeiro é que a América serve melhor a seus valores aperfeiçoando a democracia em casa, e, portanto, assim agindo como um farol para o resto da humanidade; o segundo é que os valores americanos impõem sobre o país uma obrigação de defendê-los ao redor do mundo" (Kissinger, 1994: 18).

Ainda segundo o autor, essas duas diferentes posições da política externa tomam como premissa a organização ideal do sistema internacional por meio da democracia, do livre comércio e do direito internacional. A origem e o desenvolvimento de ambas seria o resultado da experiência histórica dos Estados Unidos. Aqui são repetidos os argumentos sobre a especificidade da nação, que nasceu como República por escolha de seus próprios integrantes, isolada das vicissitudes do Velho Continente, sem grandes ameaças em suas fronteiras e com um vasto território a ser explorado. Kissinger trata tais posturas de farol ou cruzado como duas diferentes interpretações de um mesmo fato.

[7] Entre muitas citações desse tipo, vide, por exemplo, Kissinger (1994: 18 e 41).

Na argumentação dele, ainda que as ideias de farol e cruzado tenham a mesma origem na história do país e defendam o mesmo tipo de ordem internacional regulamentada pela democracia, direito e comércio, essas duas interpretações são apresentadas como opostas uma da outra, como tipos de política externa irreconciliáveis. Para além do fato dessa observação ser duvidosa, sua utilização causará problemas no argumento do próprio autor. A maneira pela qual Kissinger expõe seus conceitos, por meio dessas oposições binárias entre realismo e idealismo, faróis e cruzados, Roosevelt e Wilson, o leva a encontrar dilemas que nem sempre representam a totalidade da política externa dos Estados Unidos.

Seguindo essa linha de oposições, Kissinger identifica o que seria uma angústia bem típica do país:

> Se os americanos fossem obrigados a se dedicarem a sua política externa com o mesmo grau de retidão com que o fazem em suas vidas pessoais, como a segurança seria analisada; de fato, no limite, isso significaria que a sobrevivência estaria subordinada à moralidade? Ou a devoção americana a instituições livres confere uma aura automática de moralidade até mesmo aos atos autointeressados mais aparentes? E se isto for verdade, como ela difere do conceito europeu de *raison d'état*, que afirma que a ação de um Estado só pode ser julgada pelo seu sucesso? (1994: 34)

Segundo o autor, o resultado da experiência histórica dos Estados Unidos quando projetado em sua política externa levaria por fim à contraposição entre poder e moral. Os Estados Unidos, sendo uma nação excepcional, fundada sobre valores universais e mais nobres que os europeus, não poderiam ter sua política externa pautada pelos mesmos cálculos de poder egoístas das nações europeias. A mesma moralidade que conduz os assuntos internos do país, e a conduta das pessoas, deveria ser empregada no plano internacional. Todavia, tal curso poderia colocar em risco a segurança e a sobrevivência da nação, uma vez que os outros países não respeitariam esse tipo de conduta moral. A segunda opção dos Estados Unidos é tomar por dado que a sua própria singularidade, seus valores e instituições democráticas lhe conferem um *status* diferenciado no sistema internacional, podendo implementar suas políticas de quaisquer maneiras sem correr riscos de cair na degradação das políticas de poder da Europa. Como bem aponta Kissinger, isso em nada diferiria os Estados Unidos de outros países, uma vez que é comum justificar as próprias ações por seu caráter único e excepcional.

O ponto crucial de todos esses binômios é o tipo de interpretação que lhes é dirigida. A análise de Kissinger tenta aplicar uma leitura externa dessas questões, identificando separadamente partes opostas. Mesmo que se considerem faróis e cruzados como posições da política externa dos Estados Unidos, essas duas tendências não são irreconciliavelmente opostas. A escolha entre poder e moral é uma escolha inexistente na política externa dos Estados Unidos. Kissinger localiza bem a origem dessas posições na experiência histórica do país, mas ao caracterizá-las como um binômio deixa de compreender sua profundidade. É a tradição política liberal dos Estados Unidos que permite poder e moral serem pensados de forma única. Os interesses particulares do país são projetados como universais; a escolha entre poder e moral não precisa ser feita, pois ela não existe nesse conceitual teórico.

O grande interlocutor de Kissinger para analisar a política externa dos Estados Unidos é a tradição europeia da *realpolitik* e da *raison d'état*. Nessa tradição, o elemento do poder está sempre presente. Não há problemas em identificar a política dos Estados com seus interesses nacionais e esses últimos com cálculos para a manutenção ou ampliação de seu poder. Para Kissinger, na tradição política dos Estados Unidos isso seria, sim, um problema, e por isso deveria se fazer valer dos ideais do país para justificar as ações de política externa. O que o autor deixa de perceber é que essa escolha não existe. A tradição liberal dos Estados Unidos, fundada em sua experiência histórica, com seus elementos políticos e religiosos, a crença em valores do Iluminismo europeu e na predestinação da nação, acabou por desenvolver um conjunto de ideias e de formas de pensamento em que seus interesses particulares são projetados como bens comuns.

É essa forma de pensamento liberal que faz com que comportamentos de cruzados e de faróis não sejam incongruentes. É essa forma de pensamento liberal que faz com que Roosevelt não seja um realista ideal e Wilson não seja um idealista ideal. Kissinger identifica a semelhança de ambos os presidentes, que apesar da diferença de meios, estariam comprometidos em manter o país inserido no sistema internacional e desempenhando nele uma função preponderante.

Essa tentativa de divisão binária causa problemas ao autor quando tenta refletir cruzados e faróis no realismo e idealismo de Roosevelt e Wilson. Ao analisar o comportamento de Wilson, Kissinger primeiro o classifica como um farol, defendendo a princípio a neutralidade durante a Primeira Guerra Mundial e a tentativa de se encerrar o conflito pela via da moderação. Mas em seguida, Kissinger analisa a postura de Wilson ao tomar a decisão de participar da guerra ao lado dos aliados como a de um cruzado disposto a empreender uma guerra justa para tornar o mundo seguro para as democracias. O mesmo tipo de argumento idealista pode ser utilizado na defesa de ambas as posições: na neutralidade, apelou-se para a prevalência do direito internacional e o tratamento indiscriminado de todos os beligerantes (o que não ocorreu na prática); na intervenção, apelou-se para a indivisibilidade da paz mundial e o combate aos regimes autoritários.

Kissinger parece não trabalhar bem essa dualidade. Reconhece que o legado de Wilson realmente foi difundir uma ideia cruzadista e missionária nos Estados Unidos. Mas ao compará-lo com Roosevelt, classifica o primeiro como querendo ser um farol a ser seguido pelo resto da humanidade (1994: 55) e o segundo como o cruzado intervencionista – que realmente foi, apesar de sua causa não ser a promoção da democracia. A ideia de Wilson como um idealista passivo é questionada também pelo estudo de Fareed Zakaria (1998), ao demonstrar que, do final do século XIX até a Primeira Guerra, foi Wilson o presidente que mais empregou contingentes militares no estrangeiro para fazer valer as posições dos Estados Unidos, mesmo desconsiderando-se o conflito mundial que certamente tornaria o cálculo desproporcional. Como demonstrado anteriormente, as classificações de Wilson e Roosevelt não são incongruentes a partir da tradição liberal, mas pensadas a partir da oposição que Kissinger estabelece, tais categorias tornam-se problemáticas.

Perseguindo essa oposição entre os binômios durante todo seu livro, o autor chega a uma conclusão que poderia ser antecipada logo de início. Discutindo as perspectivas da política externa dos Estados Unidos após o término da Guerra Fria, Kissinger sugere que o país deveria adotar uma posição intermediária entre realismo e idealismo. O autor considera o país incapaz de buscar uma política externa apenas pautada em cálculos de poder e interesse nacional. Os ideais dos Estados Unidos seriam o verdadeiro combustível da inserção internacional do país e por isso deveriam ser cultivados. Mas para perseguir tais ideais com segurança, uma política coerente e pragmática deveria ser praticada: Kissinger alerta que os objetivos dos Estados Unidos para a ordem internacional não serão alcançados instantaneamente, e por isso uma política paciente e cautelosa deveria ser empregada.

A solução de Kissinger, além de não ser original, responde a uma pergunta inexistente. A política externa do país nunca foi polarizada da maneira como o autor caracteriza o realismo de Theodore Roosevelt ou o idealismo de Woodrow Wilson, bem como nunca foi eminentemente um farol para o mundo ou uma cruzada pela democracia. Esses binômios sempre se apresentaram em conjunto, não em oposição, mas em um sincretismo peculiar proporcionado pela tradição liberal do país. Argumentar que realismo e idealismo deveriam ser combinados nas políticas perseguidas no pós-Guerra Fria é a mesma coisa que constatar o que sempre foi a política externa dos Estados Unidos.

Existe uma ressalva a ser feita sobre a argumentação aqui desenvolvida para que não se confunda o arcabouço de conceitos e ideias no qual a política externa do país é pensada com as ações propriamente ditas dessa política. A análise do elemento liberal da política externa dos Estados Unidos é referente à maneira como tais políticas são pensadas e idealizadas. Existe um elemento de continuidade que perpassa toda a história da política externa do país e dá coerência a posições que seriam muitas vezes contraditórias. Todavia, no tocante às atitudes práticas dessa política externa, é notório que existem diferenças sensíveis. Roosevelt e Wilson apresentaram posturas diferentes perante o sistema internacional e as políticas perseguidas por eles tiveram implicações distintas. O que está ressaltado aqui é que, antes de serem realistas ou idealistas, de valorizar poder ou moral, interesses ou valores, essas políticas se originaram em uma tradição política liberal e esse fato lhes confere características determinantes, por mais variadas que possam ser suas opções no campo da ação e suas implicações práticas.

As críticas dirigidas à obra de Kissinger podem ser, em boa medida, aplicadas também ao restante da bibliografia que se utiliza da distinção entre realismo e idealismo no período pós-Guerra Fria. A análise particular desse texto se deu pela influência que seu autor possui e também pelo fato de, a partir desse livro, a utilização das categorias realismo e idealismo ter ganhado novamente mais frequência, com citações recorrentes à distinção feita por Kissinger.

Variações sobre um mesmo tema

Outro autor que se utiliza das categorias realismo e idealismo para classificar a política externa dos Estados Unidos é David Callahan (1994). Publicado em 1994, mesmo ano da obra de Kissinger, seu livro é uma defesa ao idealismo por meio de uma argumentação muito bem resumida na frase de encerramento: "Duzentos anos após a fundação dos Estados Unidos, os valores que os americanos celebram no âmbito doméstico se tornaram agora a melhor base de sustentação para a política externa que seu governo conduz no exterior" (idem: 312).

A argumentação de Callahan vai em sentido contrário à de Kissinger ou dos autores do início da década de 1950. Enquanto os autores da primeira geração tentavam inserir elementos de realismo na política externa dos Estados Unidos, por pensarem que essa não estava preparada para lidar com as condições do pós-Segunda Guerra e com o papel que o país deveria desempenhar no cenário internacional, e enquanto Kissinger termina seu livro defendendo uma síntese entre realismo e idealismo devido aos novos desafios que o pós-Guerra Fria apresenta, Callahan se posiciona exatamente no extremo oposto desse debate. Para ele, o fim da bipolaridade desencadeou uma série de eventos que podem dar margem a uma política externa baseada em ideais e valores em vez de cálculos de equilíbrio de poder.

Toda a argumentação do autor é pautada na percepção de que os Estados Unidos são a única superpotência do planeta após o fim da Guerra Fria e que essa realidade permanecerá inalterada por algumas décadas. Desse argumento o autor parte para análises que consideram que o sistema internacional estaria se tornando mais seguro devido principalmente a quatro fatores: a disseminação dos regimes democráticos, a interdependência econômica, o declínio do apelo a guerras e o aparecimento de instituições internacionais para regular assuntos globais (ibidem: 5-8). Além dessa tendência a um sistema internacional mais pacífico, dois outros argumentos de caráter interno estão presentes na análise do autor: a dificuldade crescente em se sustentar perante a opinião pública o nível de engajamento internacional dos Estados Unidos, principalmente com o grande número de tropas mantidas no exterior, e a necessidade de reduzir gastos do orçamento do governo devido ao déficit público – interno e externo – deixado por 12 anos de administrações republicanas. Em um mundo onde prevalecia a unipolaridade e havia uma sensação de segurança jamais vista durante a Guerra Fria, altos gastos militares eram difíceis de ser defendidos.

Dessa maneira, Callahan argumenta que a influência realista na política externa dos Estados Unidos, que, em sua análise, prevaleceu incontestada durante todo o período da Guerra Fria, poderia então ser substituída por uma abordagem mais idealista. "Nunca antes as ideias do realismo e idealismo competiram para moldar a política externa dos EUA de maneira tão equilibrada" (ibidem: 4).

Apesar de defender um tipo de política externa diferente de outros autores considerados realistas, Callahan apresenta esse debate entre realismo e idealismo nas mesmas bases que as reflexões apresentadas anteriormente. A influência do realismo na política externa dos Estados Unidos seria advinda principalmente do fim da Segunda Guerra Mundial e seus principais perpetuadores seriam Kennan, Morgenthau e Lippmann, entre outros. Já o idealismo estaria representado a princípio nas políticas do presidente Wilson, com tal tradição sendo menosprezada por ter se desenvolvido erroneamente em políticas isolacionistas no período entreguerras. Os capítulos iniciais da obra de Callahan são dedicados a analisar como esse suposto debate evoluiu e como se firmou a influência realista na política externa do país (ibidem: capítulos 1-3).

Todavia, argumenta o autor, a proposta de seu idealismo não seria ingênua a ponto de se pautar em uma percepção incorreta da realidade, a projeção de seus próprios ideais, como é a crítica mais comum ao idealismo. A política externa que Callahan está propondo seria pragmática, mas pautada pela busca de princípios e valores éticos e morais. A partir daí, o autor se esforça em demonstrar como o sistema internacional apresenta novas características com o fim da Guerra Fria, que propiciariam a aplicação de uma política externa capaz de refletir internacionalmente os valores e princípios dos Estados Unidos, principalmente a democracia, a economia de mercado e a promoção dos direitos humanos (ibidem: capítulos 5-8).

O que se percebe na argumentação de Callahan, mesmo ela tendo uma intenção oposta a de outros autores, qual seja a defesa do idealismo, é a mesma falta de relatividade dirigida a interesses e valores dos Estados Unidos e, a razão disso, a falta da percepção da influência liberal na reflexão da política externa do país. A relação entre realismo e idealismo desenvolvida pelo autor é de oposição total: duas tendências contrárias que influenciariam a política externa. Tal ideia não consegue compreender a maneira como interesses e valores foram articulados durante a Guerra Fria e por toda a história do país.

A política externa dos Estados Unidos sempre esteve em interação constante com sua tradição liberal, redefinindo seus interesses e valores em termos absolutos de acordo com a própria tradição, como demonstrado nos exemplos do capítulo anterior. Ao traçar essa distinção rígida, Callahan não capta a natureza do debate. Sua recomendação por uma política externa que promova princípios e valores idealistas pode muito bem ser perseguida, mas ao mesmo tempo torna-se irrelevante. Tais princípios e valores são sempre interpretados e traduzidos por meio da tradição política liberal; ao serem tomados como ideias absolutas, quaisquer prescrições políticas podem ser conciliadas com sua defesa – podendo elas serem chamadas de idealistas, realistas ou qualquer outro termo. Sem articular essa ideia da tradição liberal, o conceitual teórico de Callahan está sujeito às mesmas deficiências de outros autores que defendem recomendações políticas contrárias às suas.

A abrangência da ideia de uma divisão entre realistas e idealistas na política externa dos Estados Unidos pode ser verificada também em outras discussões. No que concerne às grandes estratégias de inserção internacional do país, existe um debate sobre qual o tipo de interesses que essas doutrinas estariam contemplando: se idealistas e liberais ou realistas. Por meio dessas discussões é possível verificar não somente a penetração dessa ideia de divisão, como também a influência da tradição liberal nas discussões sobre doutrinas estratégicas.

Um bom exemplo disso são dois artigos publicados por Robert Art (1998: 79-113) no periódico *International Security*, em que são discutidos os tipos de grandes estratégias adequadas à política externa dos Estados Unidos. Seu primeiro artigo data de 1991 e trata de uma possível estratégia para o pós-Guerra Fria; o segundo, de 1998, defende a doutrina do engajamento seletivo, em parte adotada pelo governo Clinton à época: de modo geral, não há uma grande divergência entre os dois textos. Art tenta identificar quais seriam os interesses nacionais que uma boa doutrina de política externa – o engajamento seletivo em sua análise – deveria garantir. Segundo o autor, seriam seis: (1) garantir a segurança territorial dos Estados Unidos, impedindo que armas de destruição em massa caiam em mãos erradas; (2) evitar guerras entre as grandes potências da Eurásia; (3) manter o preço mundial do petróleo estável, por meio da divisão do suprimento de petróleo do Golfo Pérsico entre vários Estados; (4) preservar uma ordem econômica internacional aberta; (5) promover a democracia, os direitos humanos e evitar genocídios e assassinatos em massa; e (6) proteger o meio ambiente do aquecimento global e da devastação da camada de ozônio. Todavia, Art se utiliza de uma caracterização para distinguir tais interesses:

> Os três primeiros – prevenir que armas de destruição em massa caiam nas mãos erradas, manter uma paz profunda entre as grandes potências na Eurásia e manter as reservas de petróleo do Golfo Pérsico divididas – são vitais e, em geral, de acordo com o que se denomina objetivos realistas. Os três últimos – preservar uma economia internacional aberta, fomentar a difusão da democracia e o cumprimento dos direitos humanos e evitar uma severa mudança climática e a depleção da camada de ozônio – são desejáveis e geralmente de acordo com o que se denomina objetivos liberais (1998: 83).

Novamente está reproduzida a distinção entre realismo e idealismo.[8] Art considera que dentro da política externa dos Estados Unidos existem dois tipos de interesses a serem perseguidos: os realistas e os idealistas (ou liberais). O que o autor analisa, e em certa medida propõe, é uma doutrina de política externa que consiga perseguir ambos os tipos de interesse ao mesmo tempo. E ele ainda vai além na sua definição do engajamento seletivo:

> O engajamento seletivo busca tanto objetivos realistas quanto liberais e pode, portanto, ser chamado de uma estratégia de "realpolitik plus". Destina-se a manter os Estados Unidos prósperos e seguros, mas vai além desses objetivos realistas clássicos para também atingir objetivos liberais: empurrar o mundo em direção aos valores caros às nações – democracia, livres mercados, direitos humanos e abertura internacional. O engajamento seletivo almeja fazer

[8] Liberalismo na argumentação de Art, mas com o mesmo sentido que se emprega idealismo nesta pesquisa. Uma abordagem que leva em conta o papel de valores e princípios e que projeta no internacional o mundo como ele deveria ser.

> o bem não somente para os Estados Unidos, mas para os outros também, na convicção de que se os outros se beneficiam nas maneiras descritas acima, também os Estados Unidos se beneficiam (idem: 80).

Existem dois pontos a serem ressaltados na argumentação de Art. O primeiro diz respeito a sua distinção entre interesses realistas e liberais. Na realidade, há pouco sentido em se fazer tal tipo de distinção. O conceito de interesse nacional é referente a um Estado, independente do paradigma teórico do qual ele se originou. Em teoria, interesses realistas seriam derivados do contexto de distribuição do poder mundial, e interesses liberais da projeção dos valores dessa sociedade. Todavia, é difícil distinguir em que sentido a promoção de uma ordem econômica internacional aberta não seja mais vantajosa para os Estados Unidos do que simplesmente manter o acesso às reservas de petróleo do Golfo Pérsico, ou se a promoção da democracia em escala mundial não seria um método mais eficiente para a promoção da estabilidade das grandes potências. Afinal, seriam esses objetivos realistas ou liberais, ou ainda, qual seria o critério utilizado para tal distinção? A grande verdade por trás da classificação de Art é que a política externa dos Estados Unidos vem buscando esses interesses ao longo de sua existência, sem a menor relação com a origem teórica da qual eles são, ou seriam, provenientes; a política externa dos Estados Unidos vem buscando esses interesses dentro de seu paradigma da tradição política liberal.

O segundo ponto a ser ressaltado na argumentação de Art diz respeito à maneira pela qual ele concebe esses interesses: "valores caros às nações" (*values the nations hold dear*). É claro que democracia, direitos humanos e economia de mercado são conceitos muito prestigiados por boa parte do sistema internacional, mas não por todos os países do sistema. Ademais, nem sempre foi assim: o suposto consenso em torno desses valores emergiu muito recentemente e nem mesmo é de acordo absoluto. Países orientais e islâmicos, por exemplo, têm sérias oposições a esses valores ocidentais. Mesmo entre os países que adotam tais princípios existem desavenças quanto às definições de democracia, economia aberta e direitos humanos, principalmente no que diz respeito ao tipo de medidas cabíveis para implementá-los.

Tomar por dado que esses valores são um consenso, como a melhor maneira de se organizar o sistema internacional, e que por meio deles todos sairão lucrando é um raciocínio típico do pensamento liberal que toma os seus próprios valores particulares como absolutos, sem considerar a relatividade deles frente a tradições de pensamento externas.

Ainda tomando como exemplo as discussões sobre as grandes estratégias de inserção internacional dos Estados Unidos, pode-se analisar o texto de Barry Posen e Andrew Ross (2000: 3-51), que também dão um bom exemplo da utilização das categorias realismo e idealismo, ou liberalismo de acordo com a denominação dos autores. A versão original desse artigo foi apresentada a um comitê da Câmara de Representantes dos Estados Unidos em 1993, tratando exatamente das possíveis doutrinas de política externa para o governo Clinton que se iniciava. Das quatro alternativas delineadas pelos autores – neoisolacionismo, engajamento seletivo, segurança cooperativa e primazia –, três delas estariam informadas por um paradigma realista, mais ou menos extremado de acordo com o tipo de doutrina, e apenas uma, a segurança cooperativa, estaria informada por um paradigma liberal. Comentando sobre o engajamento seletivo, os autores argumentam:

> Falta a ele o exuberante nacionalismo americano da primazia ou o comprometimento com princípios liberais de segurança cooperativa. Em vez disso, ele foca estreitamente em interesses definidos em termos de poder. Pode tal estratégia sustentar o apoio de uma democracia liberal há muito viciada em ver as relações internacionais como um conflito entre o bem e o mal? (Posen; Ross, 2000: 20)

A citação acima comprova a crença nessa suposta divisão entre realismo e idealismo. Segundo os autores seriam o realismo e a articulação de interesses definidos em termos de poder os responsáveis pela insustentabilidade do engajamento seletivo como doutrina estratégica para os Estados Unidos. Em suas palavras, "falta à estratégia um certo romance" (*the strategy lacks a certain romance*).

É a essa falta de romance que Condoleezza Rice faz referência em um artigo por ocasião da campanha eleitoral para a presidência em 2000:

> Nos Estados Unidos, muitos ainda estão (e sempre estiveram) desconfortáveis com as noções de política de poder, de grandes potências e de equilíbrios de poder. Sob um modo extremo, tal desconforto leva ao contrário, a um apelo reflexivo a noções de direito e normas internacionais, e a crença de que o

> apoio de muitos Estados – ou até melhor, de instituições como as Nações Unidas – é essencial para o exercício legítimo do poder. [...] A crença de que os Estados Unidos estão exercendo poder legitimamente somente quando o estão fazendo em nome de alguém ou de alguma outra coisa estava profundamente enraizada no pensamento wilsoniano (2000: 47).

Fica claro também que Rice utiliza esse suposto excesso de idealismo e de multilateralismo para criticar a política externa do governo Clinton em época de eleição. Mas o fato é que esses autores realmente argumentam existir dois tipos de política externa nos Estados Unidos: uma com inclinação realista e outra com inclinação idealista. Nenhum deles chega a articular o caráter liberal presente em toda a política externa estadunidense.

Um dos autores que aceita a distinção entre realismo e idealismo na política externa dos Estados Unidos, mas também articula a influência da tradição liberal, é John Mearsheimer. A produção acadêmica de Mearsheimer não é especificamente sobre política externa dos Estados Unidos, e sim sobre abordagens teóricas de relações internacionais, notadamente uma vertente ofensiva do realismo estrutural. No entanto, ao tratar das constantes críticas a abordagens realistas, seja na academia, no debate político ou no debate público, o autor invariavelmente toca no tema da influência da tradição liberal na política externa.

Em um artigo de 1994, Mearsheimer se dedica ao tema das instituições internacionais analisadas sob diversos pontos de vista teóricos das Relações Internacionais. Sua conclusão é que nenhuma delas consegue demonstrar que instituições possuem uma influência independente no comportamento dos Estados. Para Mearsheimer, a teoria que prevalece é a realista, na qual as instituições teriam alguma influência apenas quando utilizadas por grandes potências para fazer valer seus interesses. Todavia, após essa análise teórica, o autor constata uma incongruência: mesmo tendo sua influência pouco comprovada e análises teóricas pouco desenvolvidas, as instituições internacionais e as abordagens teóricas que as estudam gozam de grande prestígio nos meios político e acadêmico. Para tentar explicar tal fato, Mearsheimer argumenta que, apesar do realismo ser um paradigma influente e ter moldado boa parte da política externa da Guerra Fria, esse paradigma não é bem aceito no pensamento político dos Estados Unidos.

> Apesar de sua influência, os americanos que pensam seriamente sobre questões de política externa tendem a desgostar intensamente do realismo, principalmente porque ele se choca com seus valores básicos. A teoria se opõe ao modo como a maioria dos americanos prefere pensar sobre si mesmos e sobre o resto do mundo (1994: 47).

Mearsheimer identifica quatro características principais do realismo que entram em contradição com os valores básicos dos Estados Unidos, ou a maneira como eles preferem pensar sobre si e sobre o resto do mundo. A primeira característica é o fato de o realismo ser uma teoria pessimista e resignada por não ser possível escapar da competição por poder no cenário internacional. A segunda característica diz respeito ao papel da guerra no paradigma realista, que é considerada inevitável e em alguns casos até necessária para o cumprimento dos interesses dos Estados. Em terceiro lugar, o realismo não distingue os Estados por suas motivações entre bons e maus Estados; todos são considerados atores equivalentes em busca de seus interesses, variando apenas em graus de poder. A quarta característica seria a própria experiência histórica dos Estados Unidos, que devido ao seu isolamento geográfico e à proteção fornecida pela Marinha britânica por muitas décadas não precisaram se envolver nas disputas de poder da Europa (1994: 48-49). Por todas essas razões, o realismo seria uma abordagem pouco prestigiada nos Estados Unidos e as abordagens institucionalistas, que partilham valores em comum com a tradição liberal do país, teriam maior facilidade em se desenvolver.

Na introdução de seu livro *The Tragedy of Great Power Politics*, de 2001, Mearsheimer volta novamente a expor esse tipo de argumentação, dessa vez em clara referência à tradição liberal. O autor chega mesmo a tratar a questão de forma instrumental. Como o realismo e a busca pura e simples por interesses vão contra os ideais enraizados no pensamento liberal – a concepção de uma natureza humana boa e pura e a ideia de que as relações políticas devem se pautar pela ética e pela moral –, sua justificação na esfera política torna-se impraticável. Dessa forma, tomadores de decisão recorreriam a uma retórica idealista para conseguir perpetuar suas políticas.[9]

[9] O autor chega mesmo a citar o conceito de tradição liberal de Louis Hartz. Vide Mearsheimer (2001: 23-27).

Apesar de perceber a existência da tradição liberal no seio do pensamento político dos Estados Unidos, Mearsheimer não consegue articular sua influência na política externa, a maneira pela qual essa tradição traduz alguns elementos realistas para sua própria utilização e a projeção de seus interesses particulares em valores universais. Na argumentação de Mearsheimer, toda essa influência seria instrumental e realizada intencionalmente.

Mas de todos os autores que abordam esse tema, o que melhor consegue articular a influência da tradição liberal na política externa dos Estados Unidos é Keith Shimko (1992: 281-301). O argumento de Shimko pode ser dividido em três fases: a premissa da qual parte, uma anomalia encontrada e uma solução dada para essa anomalia. Essas três partes correspondem respectivamente à tradição liberal dos Estados Unidos, à presença do realismo na política externa da Guerra Fria e ao aparecimento do realismo estrutural para conciliar essas duas tendências.

A premissa de que Shimko parte é a mesma de Hartz, Boorstin e tantos outros teóricos consensuais: existe apenas uma tradição de pensamento político nos Estados Unidos e essa tradição é a do liberalismo. Segundo o autor, é amplamente aceito o fato de uma característica peculiar da política nos Estados Unidos ser a falta de uma tradição conservadora genuína.

> As razões para a hegemonia política do liberalismo são assunto de intenso debate, mas as explicações divergentes para a dominância do liberalismo não devem obscurecer o consenso básico de que o que se passa por conflito político na América ocorre, em grande medida, dentro dos limites do liberalismo (idem: 281).

Partindo dessa constatação, Shimko vai analisar com alguma estranheza o fato de uma tradição intelectual como o realismo, que possui fortes raízes em uma filosofia política conservadora, ter exercido tanta influência na política externa de um país onde a única tradição política é a liberal. A hipótese de Shimko é de que o realismo não se estabeleceu como um paradigma dominante na política externa dos Estados Unidos. Ele teria exercido alguma influência no pós-Segunda Guerra enquanto as doutrinas liberais encontravam-se desacreditadas, mas suas incongruências com a tradição liberal permaneceram conflituosas. Com o tempo, o paradigma realista clássico foi substituído pelo realismo estrutural, ou neorrealismo, que alterou substancialmente os elementos primários de seu antecessor de modo a tornar-se compatível com a tradição liberal.

Segundo Shimko, o grande conflito do realismo com a tradição liberal se encontra na concepção de natureza humana. A tradição de pensamento liberal considera o homem um ser racional, capaz de superar os obstáculos colocados por sua própria natureza e pelo ambiente onde vive por meio da aplicação de seu conhecimento adquirido. Já a tradição conservadora tem uma definição pessimista do homem, muito mais centrada em seus limites e falhas (ibidem: 285). As paixões, o autointeresse e o egoísmo, na visão conservadora, impediriam o progresso do ser humano que os liberais previam. Perspectivas realistas derivadas dessa leitura conservadora do homem estariam em conflito com a tradição liberal.

O autor analisa os textos de Morgenthau, Kennan, Niebuhr, Kissinger, entre outros, e demonstra a fundamentação do realismo exatamente na interpretação pessimista da natureza humana, do homem decaído, sujeito a paixões, egoísta, com interesses próprios e, sobretudo, possuidor de um desejo de poder. É essa natureza humana que estaria refletida no comportamento dos Estados e transformaria a arena internacional em uma disputa eterna e inevitável por poder. Trabalhando exaustivamente a obra desses autores, Shimko (ibidem: 287-292) demonstra como a concepção de natureza humana era um elemento essencial na lógica da teoria realista.

Todavia, apesar de esses autores terem sido influentes no debate sobre teoria e política externa dos Estados Unidos, Shimko identifica uma diferença na maneira como o realismo foi incorporado à academia nos Estados Unidos. Analisando obras de diversos autores como Kalevi Hosti, Paul Viotti e Mark Kauppi, John Vasquez, Robert Keohane e Joseph Grieco, em sua maioria manuais ou textos teóricos sobre Relações Internacionais, Shimko constata que nenhum deles entende essa interpretação pessimista da natureza humana como um elemento central do realismo. Outras características são ressaltadas, como a concepção dos Estados como os únicos atores relevantes no sistema internacional, o fato de as Relações Internacionais serem uma constante disputa por poder, de os Estados definirem seus interesses em termos de poder, e a existência de uma clara distinção entre política interna e política internacional; mas a caracterização da natureza humana tal como foi pensada pelos primeiros autores realistas simplesmente não aparece como um argumento central nessa bibliografia (ibidem: 283-287).

Para Shimko, o isolamento das interpretações realistas sobre natureza humana é prova da contradição existente entre essa tradição e o ambiente liberal no qual ela tentava se desenvolver, daí o surgimento do realismo estrutural na década de 1970. Normalmente tido como uma evolução do realismo clássico, o realismo estrutural teria aparecido na tentativa de apresentar uma teoria mais científica e robusta que sua antecessora. Shimko considera essa argumentação inconsistente, na medida em que o realismo estrutural alterou a lógica causal fundamental do realismo clássico. O comportamento dos Estados que antes era dado por uma analogia com a natureza humana, qual seja, a busca incessante por poder, passou a ser definido no realismo estrutural pelas condições do sistema, isto é, da anarquia.

Na terminologia de Kenneth Waltz, seu principal formulador, o realismo estrutural seria uma teoria de terceira imagem (sistêmica), enquanto o realismo clássico seria uma teoria de primeira imagem (individual). Assim, Shimko nega que se trate de uma evolução de paradigma, pois a própria lógica do argumento foi substituída. Direcionando os constrangimentos à atuação dos Estados para as características do sistema, basicamente seu caráter anárquico, o realismo estrutural retira qualquer responsabilidade da natureza dos atores. As relações internacionais poderiam, sim, ser uma disputa eterna por poder, mas isso não mais seria culpa da natureza inata dos Estados e, mais importante, do próprio homem. Essa mudança feita pelo realismo estrutural o torna mais palatável à tradição liberal, uma vez que não mais utiliza uma concepção pessimista de natureza humana.

Shimko chega a reconhecer que Waltz não foi o primeiro a conceber as características do sistema internacional e suas disputas por poder sem recorrer à ideia de natureza humana. O autor cita Arnold Wolfers e John Herz como os precursores nesse sentido.[10] Mas o realismo estrutural foi a primeira grande formulação teórica que realizou esse movimento, e por isso obteve tamanho sucesso dentro do ambiente liberal dos Estados Unidos.

---

[10] Vide "O dilema de segurança e a doutrina da contenção", capítulo 2, p. 95.

Por meio da argumentação de Shimko, fica claro que sua interpretação sobre a tradição política dos Estados Unidos e sua relação com a política externa são compatíveis com a análise desenvolvida nesta pesquisa. O autor sustenta a hipótese de que o realismo não se estabeleceu como um paradigma forte no pensamento sobre política externa nos Estados Unidos devido a sua contradição com a tradição liberal do país. A hipótese sustentada nesta pesquisa, sem ser oposta à argumentação de Shimko, tenta demonstrar como alguns elementos desse realismo foram incorporados pela tradição liberal. O próprio desenvolvimento do realismo estrutural poderia ser um exemplo disso. Como cita o autor, os conflitos políticos nos Estados Unidos ocorrem dentro da tradição política liberal.

Conclusão

Após a análise das reflexões sobre política externa na década de 1990, pode-se chegar a algumas conclusões sobre a natureza desses debates e de suas categorias. Qualificando o idealismo de Wilson, Kissinger aponta sua maior conquista: "A conquista histórica de Wilson está em reconhecer que os americanos não podem apoiar grandes engajamentos internacionais que não sejam justificados por sua fé moral" (1994: 50). Segundo o autor, essa seria a maior qualidade da presidência de Wilson, materializada no fato de ter conseguido levar um país até então com uma atuação internacional reticente a participar de um grande conflito europeu e mundial. O mérito desse idealismo estaria em utilizar os valores morais dos Estados Unidos para estimular sua projeção internacional. Essa noção de que o idealismo é uma força motora para a atuação do país e comumente uma justificativa para seus atos é partilhada pelos autores que se utilizam da distinção entre realismo e idealismo.

Todavia, tanto o fato de ter levado o país à projeção internacional quanto de tê-lo feito com base em princípios morais não são características únicas nem pioneiras de Wilson. Tome-se como exemplo a citação de Morgenthau sobre John Quincy Adams:

> Entre os princípios morais de John Quincy Adams e o interesse tradicional dos Estados Unidos dificilmente havia sequer um conflito. Os princípios morais não eram nada mais do que interesses políticos formulados em termos morais e vice-versa. Eles se encaixam a interesses assim como uma luva

> cabe na mão. A grande contribuição de Adams à tradição da Política Externa Americana – a liberdade dos mares, a Doutrina Monroe e o Destino Manifesto – é testemunho dessa realização (1951: 22).

A política externa dos Estados Unidos, sob a influência de Adams, também foi pensada em termos de princípios morais. Segundo Morgenthau, a Doutrina Monroe, o Destino Manifesto e a liberdade dos mares são apenas traduções políticas de princípios morais inerentes aos Estados Unidos. É a tradição liberal que permite essa projeção de interesses particulares como ideais universais. Tome-se outro exemplo também no já comentado discurso de despedida de George Washington:

> Observe a boa-fé e a justiça para com todas as nações; cultive paz e harmonia com todos. A religião e a moralidade impõem tal conduta; poderia ser que boas políticas igualmente não a impusessem? [...] Harmonia e relações livres com todas as nações são recomendadas por política, humanidade e interesses.[11]

Os mesmos princípios nobres de religião e moral são também os melhores princípios políticos para se conduzir o relacionamento entre as nações. É o fato de serem bons princípios de religião e de moral que os torna bons princípios políticos. Não existe diferença entre a recomendação moral e a política; a recomendação moral é política. Também para Washington, princípios morais foram parte integrante da política externa dos Estados Unidos.

Washington e Adams são tidos normalmente como dois exemplos de presidentes realistas. Ainda assim, é possível ver claramente como considerações morais desempenham um papel fundamental em suas políticas. Não foi preciso um idealista como Wilson para pautar a atuação internacional dos Estados Unidos em princípios morais. A polarização descrita por Kissinger e outros na década de 1990 entre realismo e idealismo não se faz presente: essa dissociação é impossível de ser feita.

Para além de interpretar essa distinção como indissociável na prática, e argumentar que se podem encontrar tanto elementos de realismo quanto de idealismo na política externa do país, se faz realmente necessário questionar a validade dessas categorias. O que permite de fato a articulação

[11] *Transcript of President George Washington's Farewell Address (1796)*. Disponível em: <http://www.ourdocuments.gov/doc.php?doc=15&page= transcript>. Acesso em: 1º set. 2004.

desses elementos na política externa dos Estados Unidos é a tradição liberal por meio da qual tais políticas são pensadas. É essa tradição liberal que projeta os interesses particulares do país como ideais universais; é essa tradição que permite a tradução de interesses políticos em termos morais e de termos morais em interesses políticos. É essa tradição liberal que concilia ideias e políticas que seriam contraditórias de outra maneira.

Outros exemplos da influência da tradição liberal foram expressos durante o início da Guerra Fria, como discutido no capítulo anterior. A tradução da doutrina da contenção, eminentemente ofensiva e direcionada contra a União Soviética, como uma política defensiva foi obra dessa maneira de pensar peculiar aos Estados Unidos. Do mesmo modo, o dilema de segurança, pensado inicialmente como originário do comportamento egoísta dos Estados, foi interpretado como uma falha de mercado, neutra e sem levar em conta a intenção dos atores.

É a influência da tradição liberal o fator primordial realmente relevante na análise da política externa dos Estados Unidos; o fato de o país projetar como universais seus valores e interesses particulares. Frente a essa influência, a distinção realizada pelos autores entre políticas externas realistas e idealistas perde seu sentido. Como demonstrado brevemente, poder e moral, interesse e valor, estão sempre presentes ao longo da história do país. Wilson pode ter sido, sim, como argumentam os autores da década de 1950, um caso extremo de projeção e busca de ideais, e por isso um caso a ser evitado no futuro. Mas não foi nem o primeiro nem o único a incorporar valores morais à política externa. E com certeza não foi o último.

Ao olhar em perspectiva o debate de Morgenthau, Kennan e Lippmann na década de 1950, e o de Kissinger e Callahan na década de 1990, por exemplo, percebe-se claramente como os conceitos de realismo e idealismo foram utilizados de formas diferentes. No primeiro momento essas ideias eram instrumentos de diálogo com a tradição liberal e havia consciência de sua inseparabilidade, de que poder e moral não são dissociáveis. No segundo momento, realismo e idealismo são tidos como categorias de classificação da política externa, distintas e opostas. Mesmo que em nenhum desses dois momentos a tradição política liberal tenha sido claramente identificada, ao menos na década de 1950 não se perpetuou essa distinção artificial entre poder e moral como ocorre no debate contemporâneo.

CONCLUSÃO

O primeiro impulso para o desenvolvimento deste livro, antes mesmo que qualquer ideia fosse amadurecida, era de se fazer uma crítica às leituras de textos sobre política externa dos Estados Unidos que utilizavam a distinção entre realismo e idealismo para classificá-la. Essa motivação foi proveniente da impossibilidade de se separar poder e moral na prática política – já bem explicitada no decorrer dos capítulos anteriores – e da percepção de que a política externa dos Estados Unidos ao longo de sua história foi composta de ambos os elementos.

Todavia, essa motivação inicial sofreu alterações. Ao se estudar diretamente as fontes e as origens dessa distinção nos autores da década de 1950, foram identificadas duas abordagens diferentes. A primeira era a abordagem contemporânea, da qual este texto retirou sua motivação: poder e moral, realismo e idealismo, eram tratados como elementos distintos e opostos. É essa a perspectiva descrita e analisada no capítulo 4, e é a essa perspectiva que se dirigem as principais características do livro.

A segunda abordagem, anterior em termos históricos, é a da constituição dessas ideias de realismo e idealismo no período entreguerras e início da década de 1950. Antes dessa época, as reflexões sobre política externa dos Estados Unidos nunca tinham se utilizado de tais categorias. A princípio como um meio de crítica às políticas do presidente Wilson, o conceito de idealismo começou a ser utilizado com um caráter pejorativo. No decorrer desse debate, autores tentaram inserir na tradição de pensamento político dos Estados Unidos elementos externos a ela – existia uma percepção de que essa tradição não estaria apta a lidar com o papel internacional que o país deveria desempenhar. O conceito de realismo foi utilizado para sintetizar esses elementos externos; em boa parte, realismo e idealismo também derivavam do debate sobre perspectivas teóricas na disciplina de Relações Internacionais. Tais autores, no entanto, estavam cientes do papel das ideias na prática política; os conceitos de realismo e idealismo foram utilizados como instrumentos para um diálogo com a tradição política do país, a fim de que ela incorporasse outros elementos. Esse movimento foi descrito no capítulo 3.

Diferenciadas essas duas abordagens das leituras da política externa dos Estados Unidos que se utilizam da distinção entre realismo e idealismo, fica claro que a crítica partiria das reflexões da década de 1990, e não de sua utilização inicial. Porém, mesmo que as reflexões do início dos anos 1950 não tenham efetuado essa separação entre poder e moral como foi feito posteriormente, ainda resta um aspecto da política externa dos Estados Unidos não bem articulado – ou ao menos não bem explicitado – por elas. Poder e moral, ou interesses e valores, sempre estiveram presentes na política externa do país ao longo de sua história. Indissociáveis, esses elementos apresentam uma tensão constante entre si. A manifestação deles na política externa do país sempre se deu através da projeção de seus interesses e valores particulares como universais. O historiador John Gaddis nota um fato interessante a esse respeito.

> Os Estados Unidos estão, naturalmente, longe de ser a única nação no mundo a ligar interesses imediatos com interesses definitivos. Todas as nações fazem isso até certo ponto, e nisso não são muito diferentes da maioria dos indivíduos. Mas os esforços feitos pelos americanos para construir tais ligações e a persistência com que eles aderiram a elas foi além do que a maioria das outras nações já fez. O que foi ainda mais longe – e certamente mais constitui uma característica distintiva na conduta dos assuntos internacionais – foi a extensão em que os americanos no século XX realmente acreditam em tais ligações (1992: 11).

Projetar seus interesses e valores particulares como universais, argumenta Gaddis, é um fato relativamente normal da conduta das nações, e principalmente de grandes potências. A característica peculiar aos Estados Unidos se encontra no fato de sua sociedade e seu meio político realmente acreditarem que seus interesses e valores particulares são universais. Essa relação entre particular e universal, entre relativo e absoluto, entre poder e moral, é mediada nos Estados Unidos pelas singularidades de sua tradição política. Mesmo cientes desse fato, tanto os autores do pós-Segunda Guerra quanto os autores do pós-Guerra Fria não explicitam a influência da tradição política do país e suas características sobre a política externa. Ao fim, é essa tradição política que estabelece uma continuidade às relações internacionais do país, que concilia valores e interesses de outra maneira contraditórios e que se coloca acima das supostas divisões entre realismo e idealismo identificadas.

Essa tradição política peculiar aos Estados Unidos é a tradição política liberal. Identificada e desenvolvida por uma série de autores pertencentes ao paradigma da história consensual da década de 1950, essa perspectiva argumenta que a principal característica da política no país é a ausência de uma tradição conservadora. Os Estados Unidos estariam inteiramente impregnados por valores liberais, totalmente incorporados ao pensamento e à organização da nação. Nas palavras de Louis Hartz, um de seus principais formuladores, o país vivencia em seu modo de vida uma articulação do liberalismo de Locke sem ao menos saber que Locke está nela envolvido.

Os elementos centrais da tradição política liberal são dois: um de caráter político e outro de caráter religioso. O elemento político da tradição está expresso na incorporação de uma série de ideais do iluminismo europeu: na liberdade e na igualdade dos indivíduos, na organização democrática da sociedade, na livre organização econômica e na propriedade privada, na garantia dos direitos individuais dos cidadãos, na liberdade religiosa e de culto, na liberdade de expressão e de imprensa e na liberdade de associação dos indivíduos. Tais ideias e valores remontam à formação da nação e à independência e têm forte influência de suas origens europeias, sobretudo inglesas. O elemento religioso dessa tradição é proveniente das comunidades protestantes que povoaram o país no início da colonização. Delas foi herdada a ideia da singularidade do experimento desenvolvido nos Estados Unidos, da predestinação de seu povo em fundar uma sociedade sobre bases éticas e justas. Essa moral cristã e protestante é responsável pela ênfase em valores éticos e morais e incutiu na tradição política um forte elemento de predestinação e um caráter missionário.

Inserida nesse contexto liberal, a política externa dos Estados Unidos tem forte influência de suas ideias. A principal dessas influências está expressa exatamente na capacidade do país de projetar seus interesses e valores particulares como sendo universais. Para um país imerso em uma tradição política única, liberal, não faz sentido algum pensar em termos relativos. Essas características são facilmente constatáveis por meio da análise de documentos como o discurso de despedida do presidente Washington ou a proclamação da Doutrina Monroe pelo presidente James Monroe. Essa falta de relativismo e as ideias de organização social, política e econômica presentes na tradição liberal podem ser encontradas em seus reflexos na política externa, nas ideias de singularidade, na busca por autonomia, na Doutrina Monroe e no Destino Manifesto. Todo esse desenvolvimento da tradição liberal e de suas influências foi trabalhado no capítulo 2.

O argumento que foi expresso no texto demonstra uma ausência nas reflexões de política externa que se utilizam das categorias realismo e idealismo e, ao mesmo tempo, a influência da tradição política liberal na política externa dos Estados Unidos. Na argumentação aqui defendida, essa presença liberal é um fator mais relevante do que as supostas classificações entre realismo e idealismo e desempenha um papel constante na política externa do país, conciliando valores e interesses que seriam de outra maneira contraditórios. Se existe um elemento de continuidade da política externa dos Estados Unidos ao longo de sua história – e o argumento aqui é de que existe –, esse elemento é o fato de ela ser pensada sempre em termos liberais.

Duas hipóteses podem ser levantadas quanto ao porquê de as reflexões sobre política externa não articularem bem a influência da tradição liberal. A primeira delas seria que, ao menos na década de 1950, os debates sobre política externa evoluíam ao mesmo tempo em que os adeptos da história consensual desenvolviam o conceito de tradição liberal nos Estados Unidos. Uma segunda ideia, talvez até de maior poder explicativo, seria que, em um ambiente político eminentemente liberal como o descrito aqui, apontar as características liberais da política externa do país poderia ser redundante e fazer pouco sentido.

Realismo e idealismo em perspectiva

Como foi dito aqui anteriormente, e como seria de se esperar pela diversidade do tema, as reflexões que utilizam as categorias realismo e idealismo não são as únicas a tratar da política externa dos Estados Unidos. Esse tipo de interpretação não é único e está imerso em um universo maior de análises da política externa do país. A argumentação aqui apresentada, todavia, pode servir de referência para outros tipos de leituras. Como exemplos de outras leituras da política externa dos Estados Unidos, serão apresentados aqui dois trabalhos de historiadores que se dedicam ao tema. O objetivo desse breve comentário é demonstrar como a ideia da influência da tradição política liberal também pode ser aplicada a essas perspectivas.

O primeiro dos autores citados é Walter McDougall. Em *Promise Land, Crusader State*, de 1998, o autor expõe quais seriam, em sua concepção, as oito tradições da política externa dos Estados Unidos. Essas oito tradições são divididas por ele no que chama de Velho Testamento e Novo Testamento da política externa. O Velho Testamento é composto de ideias e práticas que datam do primeiro século de existência da nação, estão em muito relacionadas com sua formação e seu processo de independência, e têm sua abrangência assimilada mais profundamente pelo país. Compõem esse Velho Testamento as tradições que McDougall chama de: (1) liberdade ou excepcionalismo, (2) unilateralismo ou isolacionismo, (3) sistema americano ou Doutrina Monroe e (4) expansionismo ou Destino Manifesto (1998: capítulos 1-4).

O Novo Testamento seria composto de ideias e práticas mais recentes na política externa do país. Em boa medida, essas novas tradições são interpretações do Velho Testamento aplicadas a realidades diferentes; são projeções das primeiras tradições adaptadas a novas experiências. McDougall identifica então as quatro tradições do Novo Testamento: (1) imperialismo progressivo, (2) wilsonianismo, (3) contenção e (4) melhorismo global (idem: capítulos 5-8).

Sem entrar nas especificidades de cada categoria de McDougall, e apesar de sua divisão ser talvez multifacetada demais, permitindo a classificação de duas ou mais de suas tradições como uma só – como seria o caso do expansionismo e do imperialismo progressivo, ou do wilsonianismo e do melhorismo global –, a característica presente em todas as tradições enunciadas pelo autor é uma certa ideia de evolução. Nenhuma dessas tradições é apresentada como contrária à outra, como oposição ou ao menos uma alternativa. Todas elas compartilham de premissas básicas e evoluem, se adaptando às características da época em que surgem e atuam, mas sempre se complementando.

O desenvolvimento dessas tradições por McDougall é sempre evolutivo e, no limite, todas elas estão referenciadas às tradições de seu Velho Testamento, e dentre elas a primeira tradição da liberdade ou excepcionalismo. O autor não se refere a um elemento específico que permite essa evolução das suas tradições de política externa ou que condiciona e pauta tal desenvolvimento. Todavia, fica claro o caráter liberal dessas tradições. Ao referenciá-las sempre ao seu Velho Testamento, McDougall as remete à independência do país e à formação da República. Como visto no capítulo 2, é nesse período que se encontram as raízes do pensamento liberal dos Estados Unidos. Ainda, as diversas tradições de política externa de McDougall poderiam ter tido um desenvolvimento muito adverso e contraditório. A maneira como são compatíveis imperialismo progressivo e wilsonianismo, ou wilsonianismo e contenção, por exemplo, são exemplos de uma tradição de pensamento político que articula ideias diferentes em um mesmo conceitual. Apesar de não explicitada por McDougall, essa é a tradição política liberal dos Estados Unidos.

O segundo autor abordado é o historiador Walter Russel Mead. Em seu livro *Special Providence* (2002), Mead tenta responder o porquê de a política externa dos Estados Unidos possuir tão baixa estima, apesar dos grandes sucessos alcançados não só na segunda metade do século XX, mas desde sua independência. As respostas do autor vão em dois sentidos: o primeiro é argumentar que os conceitos do que ele chama de realismo continental não podem ser aplicados diretamente para julgar a política externa dos Estados Unidos. Diversos seriam os motivos para tanto: o papel preponderante da economia nas relações internacionais do país, o caráter democrático de sua sociedade, e outros (2002: 34-38).

A segunda linha de argumentação do autor é de que não existem apenas uma ou duas – realista e idealista – tradições na política externa dos Estados Unidos. Mead identifica quatro tipos diferentes de influências: os hamiltonianos, os wilsonianos, os jeffersonianos e os jacksonianos.[1] Os nomes são mais caricaturais do que relacionados diretamente a essas personagens históricas. Os hamiltonianos teriam como tema central da política externa a expansão de uma ordem econômica que favorecesse o país: livre comércio, liberdade dos mares e um sistema financeiro estável, entre outros. Os wilsonianos se preocupariam mais com a promoção de um sistema internacional justo, a defesa da democracia, dos direitos humanos e

[1] Vide Mead (2002: capítulos 4-7, respectivamente).

da autodeterminação dos povos. Os jeffersonianos, ao contrário, defenderiam a liderança pelo exemplo; seriam mais isolacionistas e pragmáticos quanto ao engajamento internacional, temendo que esse fosse corromper as virtudes internas da democracia. Ainda, seriam temerários da maximização do poder federal que o engajamento internacional gera. Por fim, os jacksonianos representariam mais o espírito popular da nação, e em grande parte seus setores belicistas; não seriam necessariamente internacionalistas, mas, se houvesse uma intervenção internacional, que ela fosse feita da melhor maneira possível: com força e rapidez, baixos custos e cumprimento dos objetivos.

Essas quatro tradições da política externa dos Estados Unidos, aliadas ao caráter democrático de sua sociedade com alto grau de participação da opinião pública, seriam as principais responsáveis pelas críticas exageradas à política externa do país em diversos períodos. Como são muitos pontos de vista diferentes, por mais bem-sucedida que seja uma determinada política, ela sempre estará aberta a ataques por algum flanco.

Todavia, mesmo a análise de Mead sendo relevante e inserindo elementos novos no debate sobre política externa – o autor se predispõe a ir além da divisão tradicional entre realismo e idealismo –, existe um elemento que não é explicitado em suas categorias. Claramente, todas elas têm um caráter liberal e tratam os valores e interesses dos Estados Unidos como únicos e absolutos. Todas elas estão referenciadas em tradições e figuras do pensamento político do país em suas primeiras décadas de existência. Mead não explicita esse elemento de continuidade e aproximação na classificação de suas tradições, mas, sem dúvida, é ele que permite a interação de todas elas na concepção de políticas externas coerentes e sustentáveis.

Por meio dessa breve discussão com outras perspectivas de análise, fica claro que a ideia da influência da tradição política liberal na política externa dos Estados Unidos não tem sua aplicação restringida a um diálogo com interpretações realistas e idealistas. De fato, essa influência da tradição liberal, como aqui argumentada, perpassa toda a política externa e não está bem explicitada em quase nenhuma análise do gênero. Apenas pela exposição e compreensão de sua influência e atuação é que se poderá ter um entendimento mais claro do papel desempenhado pelos Estados Unidos no sistema internacional e da maneira como esse foi pensado.

Relatividade e oportunidade

Em um artigo originalmente publicado em 1952, no auge do esforço para inserção de elementos realistas na política externa dos Estados Unidos, Morgenthau utiliza uma metáfora interessante para demonstrar como a relação entre realismo e idealismo não é de oposição, mas sim da escolha entre determinados tipos de comportamento moral:

> Se um estadista americano precisasse escolher entre a promoção da liberdade universal, que é um bem moral, pondo em risco a segurança americana e, portanto, a liberdade nos Estados Unidos, e a promoção da segurança americana e da liberdade nos Estados Unidos, que é outro bem moral, em detrimento da promoção da liberdade universal, qual escolha deveria ele fazer? (2001: 300)

Claramente, o autor não apresenta poder e moral em contraposição, mas sim dois tipos diferentes de comportamento, ambos moralmente válidos. A resposta dele, no entanto, deixa algumas lacunas quando considerada à luz da tradição liberal. "O utopista não enfrentará o problema diretamente e irá se autoenganar, acreditando que pode obter ambos os bens ao mesmo tempo. O realista optará pelo interesse nacional em ambas as bases moral e pragmática" (idem). Vista sob a lente liberal, a resposta do autor é aceitável: sim, o estadista tomará uma decisão que priorize o interesse nacional dos Estados Unidos; todavia, seguirá tal ato com a mais sincera convicção de que, ao fazê-lo, também estará contribuindo para a promoção de um bem universal. Este é o fenômeno operado pela tradição política liberal em sua influência na política externa dos Estados Unidos: traduzir em absolutos os interesses e valores particulares. É essa peculiaridade que ultrapassa as distinções de realismo e idealismo e que está ausente em quase todas as reflexões discutidas neste trabalho. Essa é a moldura do quadro que condiciona e limita as definições da política externa dos Estados Unidos.

Escrevendo sobre a tradição política liberal nos anos 1950, Louis Hartz demonstrou plena consciência da posição de seu país no sistema internacional e dos desafios que emergiam no início da Guerra Fria. Todavia, além das questões políticas de ordem prática, Hartz tinha uma leitura da Guerra Fria como uma experiência sem igual na história do desenvolvimento político e social da nação. Nas palavras do próprio autor, a experiência histórica dos Estados Unidos, aquilo que culminaria em sua tradição liberal, os colocava em uma relação estranha com o resto do mundo. O problema central dessa relação era a dificuldade do país em reconhecer e articular valores alheios, externos a sua tradição de pensamento político. Como Hartz questiona: "Pode um povo que nasceu em igualdade vir a entender povos que tiveram que se tornar iguais? Poderá tal povo liderá-los? Ou para inverter a questão, podem pessoas lutando por um objetivo entender aqueles que nasceram com ele?" (1955: 66).

Ao mesmo tempo em que era a nação que deveria liderar o bloco ocidental frente ao comunismo, os Estados Unidos possuíam uma tradição de pensamento político que simplesmente ignorava valores alheios. Para Hartz, em certo sentido, além de um problema e um desafio, essa condição representava uma oportunidade. Ao exercer sua liderança internacional e engajar-se com uma série de outros valores e interesses, o país teria a chance de adquirir um pouco de relatividade em uma tradição de pensamento que articula valores absolutos.

Tendo em vista o desenvolvimento da Guerra Fria e o período posterior a seu término, uma hipótese plausível é de que tal chance não se realizou. No pós-Guerra Fria, um novo relacionamento dos Estados Unidos com o sistema internacional foi delineado. A liderança agora é exercida mundialmente e de forma quase incontestada. Em contrapartida, a quantidade e a diversidade de outros com que o país tem de se relacionar aumentou de maneira formidável. Se uma chance de relativização se anunciava ao fim da Segunda Guerra Mundial, outra pode ser vislumbrada no fim da Guerra Fria. À luz dos acontecimentos do início do século XXI, entender o relacionamento dos Estados Unidos com países de tradições e valores diversos se tornou ainda mais importante. Compreender a influência da tradição política liberal na política externa dos Estados Unidos é, para além de realismos e idealismos, um fator esclarecedor do relacionamento do país com o sistema internacional.

REFERÊNCIAS BIBLIOGRÁFICAS

ARON, Raymond. *Paz e guerra entre as nações*. Brasília: Editora UnB, 2002.

ART, Robert J. A Defensible Defense: America's Grand Strategy After the Cold War. In: *International Security*, v. 15, n. 4, 1991, pp. 5-53.

____. Geopolitics Updated: The Strategy of Selective Engagement. In: *International Security*, v. 23, n. 3, 1998, pp. 79-113.

ASHWORTH, Lucian. Did the Realist-Idealist Great Debate Really Happen? A Revisionist History of International Relations. In: *International Relations*, v. 16, n. 1, 2002, pp. 33-51.

AZEREDO, Mauro Mendes de. Visão americana da política internacional de 1945 até hoje. In: GUIMARÃES, Samuel Pinheiro (org.). *Estados Unidos: visões brasileiras*. Brasília: Instituto de Pesquisa de Relações Internacionais; Fundação Alexandre Gusmão, 2000, pp. 109-237.

BACEVICH, Andrew J. *American Empire: The Realities and Consequences of U.S. Diplomacy*. Cambridge: Harvard University Press, 2002.

BEARD, Charles Austin. *An Economic Interpretation of The Constitution of The United States*. Nova York: Macmillan, 1941.

BOORSTIN, Daniel J. *The Genius of American Politics*. Chicago: Chicago University Press, 1953.

BRANDS, H. W. *What America Owes the World: The Struggle for the Soul of Foreign Policy*. Cambridge: Cambridge University Press, 1998.

CALLAHAN, David. *Between Two Worlds: Realism, Idealism, and American Foreign Policy After the Cold War*. Nova York: Harper Collins, 1994.

CARR, Edward H. *Vinte anos de crise – 1919-1939*. Brasília: Editora UnB, 2001.

COMBS, Jerald A. *The History of American Foreign Policy*. Nova York: Alfred A. Knopf, 1986.

COOPER Jr., John Milton. *The Warrior and the Priest: Woodrow Wilson and Theodore Roosevelt*. Cambridge, Massachusetts e Londres: The Harvard University Press, 1983.

DUNNE, Michael. The History and Historiography of American Diplomacy: Principles, Traditions and Values. In: *International Affairs*, v. 74, n. 1, 1998, pp. 165-184.

____. US Foreign Relations in The Twentieth Century: From World Power to Global Hegemony. In: *International Affairs*, v. 76, n. 1, 2000, pp. 25-40.

____. Farewell to the Farewell Address? Or a "Discourse of the Permanent and Transient in American Politics". In: *The Virginia Quarterly Review*, v. 77, n. 2, 2001, pp. 211-229.

____. The Terms of the Connection: Geopolitics, Ideology and Synchronicity in the History of US Foreign Relations. In: *Cambridge Review of International Affairs*, v. 16, n. 3, 2003, pp. 463-481.

FUKUYAMA, Francis. *The End of History and The Last Man*. Nova York: Avon Books, 1993.

GADDIS, John L. *The United States and the End of the Cold War: Implications, Reconsiderations, Provocations*. Nova York: Oxford University Press, 1992.

GILBERT, Felix. *To the Farewell Address: Ideas of Early American Foreign Policy*. Princeton: Princeton University Press, 1961.

GRIFFITHS, Martin. *Fifty Key Thinkers in International Relations*. Florença: Routledge, 1999.

HARTZ, Louis. *The Liberal Tradition in America: An Interpretation of American Political Thought since the Revolution*. Nova York: Harvest Brace Jovanovich, 1955.

HERZ, John. *Political Realism and Political Idealism: A Study in Theories and Realities*. Chicago: The University of Chicago Press, 1951.

____. Idealist Internationalism and the Security Dilemma. In: LINKLATER, Andrew (org.). *International Relations*, v. 1. Florença: Routledge, 2001, pp. 260-278.

HITCHENS, Christopher. *O julgamento de Kissinger*. São Paulo: Boitempo, 2002.

HOFSTADTER, Richard. *The Progressive Historians: Turner, Beard, Parrington*. Nova York: Alfred A. Knopf, 1968.

____. *The American Political Tradition, and The Man Who Made It*. Nova York: Vintage Books, 1974.

HUNTINGTON, Samuel P. The U.S. – Decline or Renewal? In: *Foreign Affairs*, v. 67, n. 2, 1989, pp. 76-96.

____. The Clash of Civilizations? In: *Foreign Affairs*, v. 72, n. 3, 1993, pp. 22-49.

IKENBERRY, G. John. *After Victory: Institutions, Strategic Restraint, and the Rebuilding of Order After Major Wars*. Princeton: Princeton University Press, 2001.

____. (org.). *America Unrivaled: The Future of the Balance of Power*. Ithaca: Cornell University Press, 2002.

JUNQUEIRA, Mary A. *Estados Unidos: a consolidação da nação*. São Paulo: Contexto, 2001.

KARNAL, Leandro. *Estados Unidos: a formação da nação*. São Paulo: Contexto, 2001.

KENNAN, George F. The Sources of Soviet Conduct. In: *Foreign Affairs*, v. 25, 1947, pp. 556-582.

____. *American Diplomacy 1900-1950*. Chicago: The University of Chicago Press, 1951.

____. On American Principles. In: *Foreign Affairs*, v. 74, n. 2, 1995, pp. 116-126.

KENNEDY, Paul. *The Rise and Fall of The Great Powers: Economic Change and Military Conflict from 1500 to 2000*. Nova York: Vintage Books, 1989.

KISSINGER, Henry. *Diplomacy*. Nova York: Touchstone, 1994.

KRAUTHAMMER, Charles. The Unipolar Moment. In: *Foreign Affairs*, v. 70, n. 1, 1991, pp. 23-33.

LAFEBER, Walter. *America, Russia, and the Cold War: 1945-1996*. 8ª ed. Nova York: The McGraw-Hill Companies, 1997.

LAFER, Celso; FONSECA Jr., Gelson. Questões para a diplomacia no contexto internacional de polaridades indefinidas (notas analíticas e algumas sugestões). In: FONSECA Jr., Gelson; NABUCO de CASTRO, Sérgio Henrique (orgs.). *Temas de política externa brasileira II*, v. I. São Paulo: Paz e Terra, 1994, pp. 49-77.

LIPPMANN, Walter. *U.S. Foreign Policy: Shield of the Republic*. Boston: Little, Brown and Company, 1943.

MANNHEIM, Karl. *Ideology and Utopia: An Introduction to the Sociology of Knowledge*. Londres: Routledge & Kegan Paul Ltd, 1960.

MCDOUGALL, Walter A. *Promise Land, Crusader State: The American Encounter with the World since 1776*. Boston: Mariner Books, 1998.

MCGOVERN, George. *The Essential America: Our Founders and the Liberal Tradition*. Nova York: Simon & Schuster, 2004.

MEAD, Walter Russel. *Special Providence: American Foreign Policy and How it Changed the World*. Nova York: Routledge, 2002.

MEARSHEIMER, John J. The False Promise of International Institutions. In: *International Security*, v. 19, n. 3, 1994, pp. 5-49.

____. *The Tragedy of Great Power Politics*. Nova York: W. W. Norton & Company, 2001.

MORGENTHAU, Hans J. *In Defense of the National Interest: A Critical Examination of American Foreign Policy*. Nova York: Alfred A. Knopf, 1951.

____. *Politics Among Nations: The Struggle for Power and Peace*. 6ª ed. Nova York: McGraw Hill, 1997.

____. Another "Great Debate": The National Interest of the United States. In: LINKLATER, Andrew (org.). *International Relations*, v. 1. Florença: Routledge, 2001, pp. 279-303.

MOURA, Gerson. *História de uma História*. São Paulo: Editora da Universidade de São Paulo, 1995.

NIEBUHR, Reinhold. *Moral Man and Immoral Society: A Study in Ethics and Politics*. Nova York: Scribners, 1932.

NYE Jr., Joseph S. *Bound to Lead: The Changing Nature of American Power*. Nova York: Basic Books, 1990.

____. *The Paradox of American Power: Why the World's Only Superpower Can't Go It Alone*. Nova York: Oxford University Press, 2002.

____. U.S. Power and Strategy After Iraq. In: *Foreign Affairs*, v. 82, n. 4, 2003, pp. 60-73.

OSGOOD, Robert Endicott. *Ideals and Self-Interest in America's Foreign Relations: The Great Transformation of the Twentieth Century*. Chicago: University of Chicago, 1974.

POSEN, Barry; ROSS, Andrew. Competing Visions for U.S. Grand Strategy. In: BROWN, Michael E. (org.). *America's Strategic Choices*. Edição revisada. Cambridge: MIT Press, 2000, pp. 3-51.

RICE, Condoleezza. Promoting the National Interest. In: *Foreign Affairs*, v. 79, n. 1, 2000, pp. 45-62.

RUGGIE, John Gerard. Third Try at World Order? America and Multilateralism After the Cold War. In: *Political Science Quarterly*, v. 109, n. 4, 1994, pp. 553-570.

____. *Winning the Peace: America and World Order in the New Era*. Nova York: Columbia University Press, 1996.

SHIMKO, Keith. Realism, Neorealism, and American Liberalism. In: *Review of Politics*, v. 54, n. 2, 1992, pp. 281-301.

SPANIER, John W. *American Foreign Policy Since World War II: Third Revised Edition*. Nova York: Frederick A. Praeger, 1968.

TOCQUEVILLE, Alexis de. *A democracia na América: sentimentos e opiniões*. São Paulo: Martins Fontes, 2000 [1835].

____. *A democracia na América: leis e costumes*. São Paulo: Martins Fontes, 2001.

TURNER, Frederick Jackson. *The Frontier in American History*. Tucson: The University of Arizona Press, 1986.

U.S. NATIONAL ARCHIVES & RECORDS ADMINISTRATION. *The Declaration of Independence: A Transcription*. Disponível em: <http://www.archives.

gov/national_archives_experience/charters/declaration_transcript.html>. Acesso em: 1º set. 2004.

____. *Transcript of President George Washington's Farewell Address (1796)*. Disponível em: <http://www.ourdocuments.gov/doc.php?doc=15&page=transcript>. Acesso em: 1º set. 2004.

____. *Transcript of Monroe Doctrine (1823)*. Disponível em: <http://www.ourdocuments.gov/doc.php?doc=23&page=transcript>. Acesso em: 1º set. 2004.

____. *Transcript of President Woodrow Wilson's 14 Points (1918)*. Disponível em: <http://www.ourdocuments.gov/doc.php?doc=62&page=transcript>. Acesso em: 1º set. 2004.

WEBER, Max. A política como vocação. In: ____. *Ciência e política, duas vocações*. São Paulo: Cultrix, 1996, pp. 53-124.

____. *A ética protestante e o espírito do capitalismo*. São Paulo: Martin Claret, 2004.

WILSON, Peter. The Myth of the 'First Great Debate'. In: *Review of International Studies*, v. 24, edição especial, 1998, pp. 1-16.

WOHLFORTH, William C. U.S. Strategy in a Unipolar World. In: IKENBERRY, G. John (org.). *America Unrivaled: The Future of the Balance of Power*. Ithaca: Cornell University Press, 2002, pp. 98-118.

WOLFERS, Arnold. The Pole of Power and the Pole of Indifference. In: LINKLATER, Andrew (org.). *International Relations*, v. 1. Florença: Routledge, 2001, pp. 304-321.

ZAKARIA, Fareed. *From Wealth to Power: The Unusual Origins of America's World Role*. Princeton: Princeton University Press, 1998.

1ª edição – agosto 2012
Capa: Cartão Supremo 250 g/m²
Miolo: Pólen Soft 80 g/m²
Fontes: Minion Pro 11,5 para texto,
Minion Pro 9,5 para notas,
Trade Gothic 13/11,5 para títulos.